本书为教育部产学合作协同育人项目《基于 VR（虚拟现实）技术的"大学生艺术欣赏"实践教学新模式探索》（220500152184310）、《产教融合视域下思政教师信息化素养培训》（220502368163413）的阶段性成果。山东财经大学马克思主义学院教改资助项目。2019 年度国家社会科学基金项目《习近平关于新时代坚持和发展马克思主义的重要论述研究》（19BKS025）的阶段性成果。

高校与社会协同发展研究

杨海波◎著

GAOXIAO YU SHEHUI
XIETONG FAZHAN YANJIU

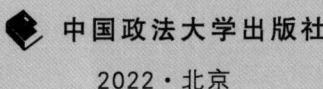

中国政法大学出版社

2022·北京

图书在版编目（CIP）数据

高校与社会协同发展研究/杨海波著. —北京：中国政法大学出版社，2022.10

ISBN 978-7-5764-0713-6

Ⅰ.①高…　Ⅱ.①杨…　Ⅲ.①高等学校－关系－社会发展－研究－中国　Ⅳ.①G649.21

中国版本图书馆 CIP 数据核字(2022)第 201578 号

出 版 者	中国政法大学出版社
地　　址	北京市海淀区西土城路 25 号
邮寄地址	北京 100088 信箱 8034 分箱　邮编 100088
网　　址	http://www.cuplpress.com (网络实名：中国政法大学出版社)
电　　话	010-58908586(编辑部) 58908334(邮购部)
编辑邮箱	zhengfadch@126.com
承　　印	北京九州迅驰传媒文化有限公司
开　　本	880mm×1230mm　1/32
印　　张	6.625
字　　数	200 千字
版　　次	2022 年 10 月第 1 版
印　　次	2022 年 10 月第 1 次印刷
定　　价	49.00 元

目 录

绪 论

　　资源是一个不断扩展的概念，其内涵和构成随着社会发展而日益丰富多样。美国经济学家舒尔茨和贝克尔率先突破物质资源的局限提出了人力资源的概念。但是，物质资源和人力资源并不能完全解释经济发展的诸多问题。于是，社会学家提出了"社会资源"的概念。他们的观点是，除了物质资源和人力资源之外，经济活动者所拥有的社会资源也可以作为一种生产要素进入生产领域，作为另一种类型的资源，也就是社会资源，它在现实的经济生活中发挥着不可忽视的作用。

　　最初，社会学家们是从微观层面，以社会结构中的个人为主体，分析个人拥有的社会资源对其获取外部资源的作用，比如，詹姆斯·科尔曼、林南。后来，1993年帕特南从宏观层面，通过各种抽样调查和实验方法获得大量截面和时序数据，对社会资源的经济和社会影响进行计量检验，考察一个社群、区域或国家拥有的社会资源对其经济和社会发展的作用。从中观层面对社会资源进行实证研究，即以组织层面的社会资源作为研究对象，是当社会资源概念扩展到企业管理研究领域之后开始的。

　　奈哈皮特（Nahapiet）和高肖（Goshal）和塞尔（Tsai）等学者首次提出"社会资源"是一个多维度的概念，它既可能产生于个人之间，也可能产生于组织（或企业）之间，并且将社会资源概念应用于管理学领域，对"企业社会资源"理论研究作了开创性的工作。自此，有关企业社会资源的研究文献纷涌而现，而且多数实证研究结果都表明：一个企业的竞争优势不仅与企业拥有的物质资源、人力资源有关，而且与企业拥有的社会资源，即企业成员的充分信任与合作、部门之间的有效沟通与协调，以及企业与社会各界的广泛交往与联系等因素有关，因为企业的社会资源可以提高企业的创新能力，影响其绩效水平。

但是，作为非营利性组织的高校，现有的研究依然关注的是物质资源、人力资源等要素，而对于社会资源在高校组织发展中的作用，人们还仅仅停留在经验认识层次，甚至有所曲解。尽管近几年随着"社会资源"理论在各个学科研究领域中的扩张，"教育中的社会资源"（盛冰，2003 年）、"大学外部经济关系"（王卓君、赵顺龙等，2005 年）、"高校社会资源"（胡钦晓，2007 年）等命题开始被教育学者们提出，并且从教育学、制度经济学的角度通过理论演绎西方的"社会资源"概念，以定性的方式论证了当前背景下的高校社会资源，并且在中国高等教育的发展过程中起着重要的作用。然而，对于高校社会资源与高校社会资源集聚的路径、与办学绩效之间的现实关系问题，国内很少有人做出理论与实证分析，由此导致无法形成可信度高、操作性强的高校组织管理理论基础。

当前，随着市场化的推进及教育投资主体的多元化，作为独立核算经济单位的高校组织普遍存在招生规模扩大与资源不足、办学质量与市场需求、办学理念体制与国际市场竞争之间的矛盾。这些矛盾使得置身于经费不足、竞争激烈社会环境中的高校也同企业组织一样，开始考虑和探索如何充分利用和集聚组织的内外部"社会资源"以达到提高绩效的途径。尽管从产业的视角看，高校的组建与管理方式已与社会企业有很多相似之处，但是由于教育本身具有私人物品和公共物品的双重属性，因此，教育产品的供求和资源配置既要引进市场的机制又不能完全按照市场的机制来运行，它是一个特殊的"企业"。作为一类特殊的组织形式，高校如何寻求社会资源集聚？如何使集聚的社会资源不断增加和优化？这一系列现实问题不仅仅是理论探讨问题，也是切实关系到高校组织生存与可持续发展的问题。

因此，如何正确界定与理解高校社会资源的内涵与构成、如何根据高校的特点来正确识别、挖掘高校社会资源影响因素，并找到集聚高校社会资源的路径，正是本书研究的重点。同时，也为当前处于深刻变革的高等院校积累高校社会资源存量、扩展集聚途径、提高高校社会资源利用率、促进现代高校组织创新能力，全面把握自身的发展提供有益的借鉴，并提供一定的管理决策依据。

第一章

高校社会资源概述

第一节　社会资源

任何一种理论的形成和发展都是以其基本概念为逻辑基础的，探究高校社会资源的本质及其他方面的内容也要从最基本的概念入手。本章将把高校社会资源的概念置于资源概念发展的广阔视野中，从资源概念的演变、发展角度来审视高校社会资源，从而对高校社会资源作出界定。

一、资源概念的界定

"资源"是一个历史性范畴，自从它产生之后，许多理论家都对其进行了阐释、论证。因此，它的含义经历了从简单、单一到逐渐复杂和丰富的过程。

（一）古典经济学家对资源的界定

"资源"这个词最早出现在中世纪的拉丁文中，指的是牛或其他家畜，它们是社会财富的重要来源。[1]一个人拥有的牛或

---

〔1〕〔秘鲁〕赫尔南多·德·索托：《资本的秘密》，王晓冬译，江苏人民出版社 2001 年版，第 31 页。

其他家畜越多，他便越富有。后来，资源又指贷款的本金，[1]它与利息相对应，主要指货币。到了中世纪晚期，西欧社会产生了资源主义的生产方式，商人及商业资源在社会经济生活中发挥着越来越重要的作用。在这样的历史条件下，人们对资源的考察便自然地集中于商业资源的形态，从而形成了重商主义经济学说。重商主义继承了早期社会货币与资源等同的思想，将货币视为财富的唯一来源和唯一形式。但他们从商品流通的角度考察了货币资源的增殖，这使得他们在一定程度上将货币形态的资源与具有货币购买力的商品资源区分开来。17世纪末，重商主义逐渐衰落，法国重农学派兴起。重农学派是从生产领域角度说明资源的。例如，重农学派创始人魁奈认为，农业是社会财富的唯一源泉，是"纯产品"的唯一源泉，只有农业生产才能使社会财富增加，只有投资在农业上并用于生产的资源才是资源，而投资在其他领域的则不叫资源。可见，与重商主义把资源等同于货币资源不同，魁奈把资源等同于生产资源，把资源与资源的生产形式混在一起，只看到了资源生产形式，而没有看到资源的流通形式。杜尔阁对资源的分析比魁奈更进了一步。他认为，资源就是积累起来的流动的价值，是非土地所有者手中的动产。包括生产资料，以消费品形式出现的储备、货币等。他看到了资源的商品形式和货币形式。

英国的经济学家亚当·斯密对资源做了进一步的分析和说明。亚当·斯密认为，资源就是用于继续生产的积累或储存品，即生产资料。储存品是随着分工和交换的发展才出现的，资源家就是积累有储存品的人，当他们把其中的一部分拿出来用以取得收入时，资源就产生了。李嘉图对资源的定义更加宽

---

[1]　[奥] 庞巴维克：《资本实证论》，陈端译，商务印书馆1964年版，第58页。

泛，他不仅认为资源就是生产资料，而且还把生产手段也等同于资源。他说："即使在亚当·斯密所说的那种早期状态中，虽然资源可能是由猎人自己制造和积累起来的，但他总是要有一些资源才能捕猎鸟兽。没有某种武器，就不能捕猎海狸和野鹿。"[1]

(二) 经济学家对资源内涵的拓展

随着信息社会的来临，各种因素（如信息、知识）使得传统的资源概念受到了挑战。在这种情况下，资源内涵的拓展成了必然。

首先是美国著名经济学家西奥多·W. 舒尔茨提出了人力资源的概念。他认为，传统的理论过分强调实物资源的作用而忽略了人力资源在现代经济发展中的作用。[2] 舒尔茨在《论人力资本投资》一文中指出，全面的资源概念应包括人和物两方面，即人力资源和实物资源。与体现为物质产品的实物资源一样，人力资源体现在劳动者身上，它通过投资形成并由劳动者的知识、技能和体力（健康状况）所构成。换言之，人力资源就是体现在劳动者身上并以其数量和质量表示的资源。一个社会从事有用工作的人数及百分比、劳动时间，在一定程度上代表人力资源的多少；而人的技艺、知识及熟练程度与其他类似可以影响人从事生产性工作能力的东西则是人力资源的主要内容。舒尔茨认为，人力资源投资的关键在于教育。他通过对 1929 年至 1957 年美国经济增长与教育关系的分析提出，教育支出的水平是决定人力资源质量高低的主要因素，也是决定国民收入

〔1〕［英］大卫·李嘉图：《政治经济学及赋税原理》，郭大力、王亚南译，商务印书馆 1962 年版，第 17~18 页。

〔2〕［美］西奥多·W. 舒尔茨：《论人力资本投资》，吴珠华等译，北京经济学院出版社 1990 年版，第 237~238 页。

和经济增长的重要因素。[1]随后，加里·贝克尔（Cary. S. Becker）、罗默（Paul M. Romer）等人也对此进行了更深入的研究。

人力资源的概念提出以后，在 20 世纪 80 年代，皮埃尔·布尔迪厄又提出了文化资源的概念，他对传统的资源也进行了非经济学、非实物化的理解。在布尔迪厄看来，资源是一种积累起来的劳动，它以物化的形式或具体化的及身体化的形式表现出来。资源并非只限于实物资源，若要全面认识和理解社会的结构与功能就必须引进资源的一切形式。[2]因此，他把资源划分为经济资源、社会资源和文化资源三种类型。其中，文化资源泛指任何与文化及文化活动有关的资产，它有三种存在形式："①具体的状态，以精神和身体的持久性的形式；②客观的状态，以文化商品的形式（图片、书籍、词典、工具、机器等），这些商品是理论留下的痕迹或理论的具体显现，或是对这些理论问题的批判，等等；③体制的状态，以一种客观化的形式，这一形式必须被区别对待（就像我们在教育资格中观察到的那样），因为这种形式赋予文化资源一种完全是原始性的资产，而文化资源正是受到了这笔资产的庇护。"[3]

布尔迪厄所说的文化资源的第一种存在形式实际上指文化力，它通过家庭环境和学校教育获得，并形成精神与身体的一部分。正如人们可以通过劳动获得物质财富一样，人们也能通过学习和积累知识提高自身文化素质。文化力的获取不仅需要花费大量时间和精力，而且最终只能体现在个体身上。所以，

---

　　[1]　[美]西奥多·W. 舒尔茨：《论人力资本投资》，吴珠华等译，北京经济学院出版社 1990 年版，第 237~238 页。

　　[2]　[法]皮埃尔·布尔迪厄、[美]华康德：《实践与反思——反思社会学导引》，李康、李猛译，中央编译出版社 1998 年版，第 160~161 页。

　　[3]　《文化资本与社会炼金术——布尔迪厄访谈录》，包亚明译，上海人民出版社 1997 年版，第 192~193 页。

它不能通过赠予、买卖和交换的方式实现当下传承。文化资源的第二种形式实质上指文化产品，是文化资源的客体化形式。它与文化能力的最大区别就在于它可以传承，它能够在市场机制中成为特殊的商品（即文化商品），它具有物质性和象征性的双重特征。在物质方面，文化商品具有经济资源赋予的价值，而在象征性方面，文化商品则承载了文化资源的文化价值。文化资源的第三种形式是制度化形式，它是文化能力经过文化体制的资格授权后存在的形式，通常指文凭、职称等。文化管理部门通过文化资源制度来干预、控制文化资源，从而使文化资源成为一种标签，并使它合法化、标准化。

布尔迪厄认为，文化资源的形成需要不断地投资。在这一过程中，不仅要投入大量的物质财富，而且还要投入大量的时间和人的精力。人们之所以如此重视文化投资，就是因为文化能够带来较高的回报，它能够创造出新价值，从而实现自身的增值。所以，在这种情况下，文化资源的存在是很有必要的。

综上所述，我们可以看出，人力资源和文化资源的概念继承了以往资源具有积累性和增殖性的观点。但是，它们又不同于以货币、生产资料等为主要表现形式的实物资源。它们更关注人的知识、技能和文化素质等因素的作用，这就使得"资源"摆脱了具体的物质形态的束缚，向更广义、抽象的层次扩展，成了可以带来价值增值的所有资源的代名词，从而为社会资源概念的提出奠定了词源上的基础。

二、社会资源的内涵

"社会资源"这一概念其实最早出现在经济学研究中，只不过它并不是我们现代意义上的"社会资源"。例如，早在19世纪末，奥地利学者庞巴维克就曾提出了"社会资源"的概念，它主要指在社会经济方面获得财富的手段和产品。

社会科学领域对于社会资源的研究，可以被追溯到法国学者爱弥尔·涂尔干对群体生活的强调，以及马克思对自在阶级与自为阶级的划分。爱弥尔·涂尔干（又译作迪尔凯姆），强调团体生活可以矫正失范和自我绝望。卡尔·马克思区分了原子化的自在阶级与动员起来的、有效的自为阶级。两者的研究都不同程度地涉及了社会资源的内涵。从可检索到的文献来看，较早独立使用"社会资源"这一名称的是莱达·汉尼芬。他认为："社会资源……是指……作为人们日常生活的大部分的可触知的资产即良好的愿望、遵循、同情，以及构成一个社会单位的个人和家庭之间的社会交往。"汉尼芬对社群社会中"投资"的建议与今人的观点惊人地相似。具有现代意义的社会资源概念似乎最早源自雅各布斯。他认为："网络是一个城市不可替代的社会资源，……"雅各布斯将"网络"界定为不可替代的社会资源，已经成为社会学家研究社会资源的一种重要范式。

尽管现代意义上的"社会资源"概念出现得较晚，但有些学者认为，有关社会资源的思想可以追溯到经典社会学家的思想中。例如，马克思和恩格斯的"有限度的团结"概念指的是逆境可以成为团结一致的动力；齐美尔的"互惠交易"指的是在个人化的交换网络中产生的规范和义务；涂尔干和帕森斯的"价值融合"指的是价值、道德原则和信念先在于契约关系和非正式的个人目标；韦伯的"强制信任"指的是在正式制度和特殊性的团体背景下使用不同的机制保证实现对已达成的行为规则的遵守。[1]直到1961年，雅各布斯提出了现代意义上的"社会资源"概念。他在《美国大城市的存亡》一书中写道："网

---

〔1〕 李惠斌、杨雪冬主编：《社会资本与社会发展》，社会科学文献出版社2000年版，第27页。

络是一个城市不可替代的社会资源，无论出自何种原因而失去了社会资源，它所带来的收益就会消失，直到而且除非新的资源慢慢地不确定地积累后它才会恢复回来。"[1]

（一）社会学家对社会资源的界定

社会资源最早是由社会学家提出来的，它通常强调"社会资源"概念对于社会学学科理论构建的重要意义，并用"社会资源"分析个人、组织和社会。在社会分层、社会转型、教育与家庭、劳动就业、移民等具体的研究领域都取得了重要的进展。

1. 布尔迪厄从关系网络的角度对社会资源的界定

社会资源研究的先驱者布尔迪厄首先把社会资源与社会分层联系起来。他认为，资源是一种积累性劳动。各种资源形态有助于理解阶级的划分，阶级体现的是资源总量的差异。他根据资源数量占有的多少，把社会结构分为统治阶级、中间阶级和劳动阶级。统治阶级占有数量最多的资源，中间阶级相对较少，劳动阶级只有极少量的资源。此后的一些研究者继承了布尔迪厄的这一传统。例如，安海尔（Anheirt）等人分析了德国作家群体的社会分层情况，结果发现作家们拥有的社会资源的差异在很大程度上与他们的社会地位有关。

他在关系主义的方法论基础上，提出了"场域"的概念。布尔迪厄认为，场域是一个力量关系的场所，涵盖着一些内在的倾向和客观的可能性。①根据华康德的理解，每个场域都规定了各自特有的价值观，拥有各自特有的调控原则。这些原则界定了一个社会构建的空间。在这个空间里，行动者根据他们在空间里所占据的位置进行争夺，以求改变或力图维持其空间

---

〔1〕 转引自李志青：《社会资本技术扩散和可持续发展》，复旦大学出版社2005年版，第43页。

的范围或形式。可以说，场域就像一个磁场，是诸种客观力量被调整、定型的一个体系，是某种被赋予了特定引力的关系构型、场域就像一个战场，它充满着冲突和竞争。②布迪厄从场域的概念出发，推出了"资源"这一概念。他认为："一种资源总是在既定的具体场域中灵验有效，既是斗争的武器，又是争夺的关键，使它的所有者能够在所考察的场域中对他人施加权利、运用影响，从而被视为实实在在的力量，而不是无关轻重的东西。在经验研究中，确定何为场域、场域的界限在哪儿诸如此类的问题都与确定何种资源在其中发挥作用、这种资源的效力界限又是什么之类的问题如出一辙。"简言之，如果把场域比作磁场，资源就是引力；如果把场域比作战场，资源就是武器。布尔迪厄将资源划分为三种基本类型：经济资源、文化资源和社会资源。所谓经济资源，是指可以直接转化为货币，也可以制度化为产权形式的资源；所谓文化资源，是指在某些条件下能够转化为经济资源，是以教育资质的形式被制度化的资源；所谓社会资源，是指由社会义务"联系"组成的，在某些特定条件下可以转化为经济资源的，以高贵头衔的形式被制度化的资源。在《资源的形式》一文中，布尔迪厄进一步分析了社会资源的概念。他认为，社会资源是实际或潜在的资源集合体，该资源与对某种持久性的网络占有密不可分，这一网络是众所周知的、体制化的关系网络。换言之，这一网络是一种与某个团体的成员身份相联系的网络，它在集体拥有的资源方面为每个成员提供支持，或为他们提供赢得声望的"凭证"。这些关系也许只能存在于实践状态和帮助维持这些关系的物质性的和/或符号性的名字等的交换之中。这些资源也许会通过使用同一个名字如家庭、班级、部落、学校、党派，而在社会中得以体制化，并得到保障。这些资源也可以通过一整套体制性的行为活动得到保障。在这种情况下，资源在交换中会或多或少地真正地被以决定的形式确定、维持并巩固下来。这种确定和维持是建立在牢不可破的物质的和符号的交换基础上的。从布尔迪厄关于社会资源概念的界定我们可以看出，社会资源具有三个基本特征：一是社会资源是与团体成员身份密不可分的一种资源；社会资源作为一种资源集合体，每一个获得团体会员身份的成员，都有权利调动和利用这种资源。但是，每个成员占有或利用这种资源的大小是不同的。成员占有社会资源的大小，依赖于每个成员可以加以有效运用的网络规模的大小，依赖于和他有联系的每个人以自己的权力所占有的经济的、文化的和符号的资源的大小。由此可见，社会资源并不独立于经济资源、文化资源而单独存在。二是社会资源是一种体制化的关系网络。这种关系网络的存在并不是一种自然的既定存在，它是针对体制所做的持续性努力的产物。换言之，这种关系网络是投资策略的产物。行动者要把那些偶然的关系（如邻里关系、工作关系、亲属关系等），转变成既必需又有选择性的关系，转变成从主观上感到有必要长久维持（如感激之情、尊敬、友谊等）的关系，转变成在体制上得到保障的关系。三是社会资源具有潜在性和现实性。只有当关系网络被行动者调动或利用时，它才能以某种资源的形式发挥资源在实践中的作用，才能成为现实的资源。当它未被调动或利用时，它仅仅是静态的关系网络，是一种潜在的社会资源。由布尔迪厄关于社会资源的研究，我们可以看出，他主要是从微观层面来研究个人的社会资源，较少涉及组织的社会资源。但是，布尔迪厄从关系网络的角度来研究社会资源，无疑为我们深入研究提供了一个经典的范式。

2. 科尔曼从结构功能的角度对社会资源的界定

科尔曼是当代美国著名的社会学家，在其专著《社会理论的基础》一书中，他对社会资源进行了深入、系统的分析。虽然科尔曼的研究没有提及布尔迪厄，但是他还是在一定程度上继承了布尔迪厄的观点。科尔曼认为，在通常情况下，社会资源与人力资源是相互补充的。在这一点上，科尔曼与布尔迪厄的观点类似，即社会资源并不独立于其他形式的资源而存在。然而，与布尔迪厄不同的是，科尔曼主要从结构功能的角度来定义社会资源。其认为，社会资源的定义由其功能而来，它不是某种单独的实体，而是具有各种形式的不同实体。其共同特征有两个：它们由构成社会结构的各个要素所组成；它们为结构内部的个人行动提供便利。和其他形式的资源一样，社会资源是生产性的，是否拥有社会资源决定了人们是否可能实现某些既定目标。与物质资源和人力资源一样，社会资源并非可以完全替代，只是对某些特殊的活动而言，它可以被替代。为某种行动提供便利条件的特定社会资源，对其他行动可能无用，甚至有害。与其他形式的资源不同，社会资源存在于人际关系的结构之中，它既不依附于独立的个人，也不存在于物质生产的过程之中。社会组织构成社会资源，社会资源为人们实现特定目标提供便利。如果没有社会资源，目标难以实现或必得付出极高的代价。从科尔曼的定义中我们可以看出，与布尔迪厄关注微观层次上—个体的社会资源不同，他把考察对象扩展到了中观层次——组织的社会资源。

科尔曼把资源划分为三种形态：物质资源、人力资源、社会资源。科尔曼认为：物质资源是有形的，可见的物质是其存在的形式；人力资源是肉眼看不见的，它存在于个人掌握的技能和知识中。社会资源概念，物质资源和人力资源为生产提供了便利，社会资源基本上是无形的，它表现为人与社会资源具有同样的作用。为了深入论述，科尔曼提出了社会资源的五种形式：一是义务与期望。当某个人为他人做了某些事情，并确信他人日后会报答自己时，他就拥有了一种社会资源。二是信息网络。社会资源行动者可以在社会关系网络中获取对自己行动有用的信息，信息在为行动提供基础方面十分重要。三是规范和有效惩罚。在集体内部，有效规范是极重要的社会资源，这种社会资源不仅为某些行动提供便利，同时也限制其他行动。四是权威关系。如果一批行动者把同样的控制权转让给一个人，那么这个人就可以获得涉及特定行动的相当数量的社会资源。这种社会资源可以为人们解决共同性问题提供帮助。五是多功能社会组织和有意创建的组织。为某一目标建立的组织可以服务于其他目的，因而形成了可以使用的社会资源。在一般情况下，社会资源是人们因其他目的从事活动的副产品。

较之于布尔迪厄，科尔曼对社会资源理论的研究更加全面、系统。帕特南认为，科尔曼的工作奠定了社会资源理论的分析框架，他将科尔曼的《社会理论的基础》作为自己对意大利公民参与研究的主要理论来源，而这项研究的成果《使民主运转起来——现代意大利的公民传统》则一举奠定了帕特南在西方学术界的权威性地位。但是，科尔曼也受到了广泛批评。布朗曾就科尔曼的社会资源定义评价道："科尔曼犯了一个重大的失误，他用社会资源的功能为社会资源下定义，社会资源是生产性的，使得有些目的有可能实现，而没有它则不可能实现。"由于研究者非批判地接受了科尔曼的定义并因而重复了他的错误，致使这句不恰当的话引出了那么多理论性不足、过于简单化和缺乏概念表述的论点，至今仍在困扰着针对社会资源概念的学术研究。波茨认为，科尔曼对社会资源的定义"相当模糊"，这一定义给许多不同的甚至矛盾的过程重新贴上社会资源的标签"打开了大门"。科尔曼亲自启动了这个泛化过程。但是，无论如何，科尔曼对当前社会资源理论的贡献都是不容置疑的。科尔曼将社会资源研究的对象由微观扩展到中观。他关于社会资源形式的分类等都是值得我们借鉴的。

科尔曼对社会资源与社会变迁、教育、家庭等的关系非常关注。科尔曼指出，在传统社会中，儿童们拥有着原始性的社会资源，即父母和邻里等成年人对他们的"持续关注"。但是，在现代社会中，父母的工作压力不断增加，邻里社区人际关系日趋冷漠，成年人对儿童成长的关注也越来越少，这些都影响了儿童对社会资源的获得，不利于他们的成长。因此，科尔曼说："社会变迁要求社会理论解决上述取代原始性社会资源的问题，忽视这些问题不仅意味着脱离社会，而且会使所有人及其子女处于不幸之中——只能获得丰富的物质资源，但缺乏幸福生活所必需的社会资源。"[1]因此，社会资源是随着社会变迁而变化的。

3. 林南从网络资源的角度对社会资源的界定

为建立一个清晰而科学的社会资源概念，林南首先明确了资源的概念。他在对马克思的资源理论深入分析的基础上，指出马克思理论的核心是关于资源的几个重要概念：一是资源是与商品的生产与交换紧密相连的；二是资源不仅仅是商品或价值，它还包括投资过程；三是资源的存在意味着商品的市场价值超过了它的生产价值或者产品成本，换言之，作为投资过程的结果，任何形式的资源都是增加的价值剩余价值或利润。四是资源在本质上是一个社会观念，其产生离不开社会活动的过

---

[1] ［美］詹姆斯·C. 科尔曼：《社会理论的基础》，邓方译，社会科学文献出版社 1999 年版，第 762 页。

程。五是资源是基于资源家的生产投资产生的并被资源家所占有的剩余价值，它体现了资源家对劳动者的剥削。在马克思资源概念的影响下，林南将资源定义为"期望在市场中获得回报的投资"。由此可以看出，林南对马克思的资源概念并不是全盘肯定的。他称马克思所描述的资源概念为"古典资源理论"，认为这一理论是建立在对资源主义阶级分化的研究基础之上的，他在界定自己的资源概念时提出了资源的阶级属性。在吸收了"新资源理论"舒尔茨的人力资源概念、布尔迪厄的文化资源概念以及科尔曼的社会资源概念的合理内涵的基础上，林南将社会资源界定为"在目的性行动中被获取的和/或被动员的、嵌入在社会结构中的资源"。他强调，在社会资源这一概念中，有三个重要组成部分——资源、社会结构、行动。首先，林南认为，资源是所有资源理论，特别是社会资源理论的核心。在他的社会资源概念中，资源可理解为"物质或符号物品"，换言之，就资源的存在形态而言，它既包括房屋、土地、电器和货币等有形的物质形式的资源，也包括教育程度、会员身份、承诺、名誉、声望等无形的符号性资源。另外，就资源的所属而言，林南认为，资源可以被分为个人资源和社会资源两类。个人资源由个体所占有，个体能够自由地使用和处理它们而不会过多地考虑补偿。社会资源是个体通过直接和间接的联系可以接触到的资源。可见，林南关于资源的概念不但是丰富的，而且在这里，资源的概念已经涵盖了马克思、布尔迪厄、科尔曼等人的资源概念。同时，林南还强调了社会结构在社会资源中的重要性。社会结构包括四个要素——位置、权威、规则和代理人。位置将资源的嵌入性与社会位置联系起来，只要位置拥有的嵌入性资源存在，结构就会保持稳定了权威描述了位置之间的关系，它是权力的一种形式，一个结构的等级越多，其位置之间的相对权威越不同；规则描述了共享的程序，它使社会位置之间的行动和互动导向一致；代理人是个体行动者，他们占有位置并被授权将规则和程序付诸实施。最后，林南强调互动在社会资源概念中的重要性。在乔治·霍曼斯的"情感-互动假设"情感与互动之间存在正关系的基础上，林南推演出"情感-互动-资源假设"，也即在情感、资源与互动之间存在着三角互惠关系。他指出，只要资源的价值是等量的，互动便可以吸引拥有不同类型资源的搭档参加。

林南对社会资源理论的贡献是巨大的。他在社会资源研究中独树一帜，从个体理性选择行为出发，在行动与结构的互动关系中建立了强调差异、变化和建构，把社会资源放置到微观、中观和宏观社会结构中进行系统论述，是具有鲜明特点的社会资源理论。林南的理论开拓了研究视野，克服了关系论、功能论和集体讨论等方法论的局限，使社会资源研究进入了新的理论境界。林南关于资源的阐释，强调互动的因素等，都是社会资源概念不可或缺的。

林南对社会资源在劳动者就业、求职过程中的作用进行了研究。在20世纪70年代初，格拉诺维特（Granovettert）曾经研究过社会网络关系在个人求职中的作用。他指出，求职者可以通过自己的社会网络获得相关的信息和帮助，克服劳动力市场上信息流动的障碍，从而找到理想的工作。他把人们的网络关系分为强关系与弱关系，并认为弱关系对求职者而言意义更大。在此基础上，林南指出，对求职者真正有意义的不是弱关系本身，而是弱关系所连接的社会资源。强关系连接的是相同阶层中具有相同或类似资源的人，弱关系连接的是不同阶层的人。他们占有不同的社会资源，因此不同阶层的人在进行资源交换时能够获得更多的社会资源。当求职者在以这种方式获得社会资源时，弱关系就成了获取途径。弱关系越丰富，求职者拥有的社会资源就越多，求职者就越容易找到工作。

（二）经济学家对社会资源的解释

在经济学领域，经济学家常常从作为经济增长的重要因素的角度来考虑社会资源，研究社会资源与经济增长和发展的关系。他们把社会资源看作是实物资源、人力资源以外的资源要素，以此来解释和说明一个地区乃至一个国家的经济增长和经济发展的情况。

简·弗泰恩和罗伯特·阿特金森认为，社会资源是一种相互信任关系，它已成为科技创新的一个重要因素。"社会资源表示的是在一个组织网络能够进行团结协作、相互促进生产收益的情况下形成的'库存'。它是公司有效建立合作关系、联邦政府将某些科技职责下放各州的关键。现在同时也是一项更具合作性和积极性的联邦政策。因此，联邦政府需要制定一系列的政策措施，培养企业的相互沟通与相互信任，加快科技创新步伐，促进生产力的发展。"[1]

日裔美籍学者弗朗西斯·福山对社会资源与经济发展的关系进行了深入的研究。他将社会资源看作"一种有助于两个或更多个体之间相互合作，可以用实例说明的非正式规范"[2]，有时也看作"一个群体成员共有的一套非正式的、允许他们之间进行合作的价值观和准则"。[3]他认为，信任是社会资源产生

---

〔1〕［美］简·弗泰恩、罗伯特·阿特金森："创新、社会资本与新经济"，载李惠斌、杨雪冬主编：《社会资本与社会发展》，社会科学文献出版社2000年版，第212页。

〔2〕［美］弗朗西斯·福山："公民社会与发展"，载曹荣湘选编：《走出囚徒的困境——社会资本与制度分析》，上海三联书店2003年版，第72页。

〔3〕［美］弗朗西斯·福山：《大分裂——人类本性与社会秩序的重建》，刘榜离等译，中国社会科学出版社2002年版，第18页。

的基础，而社会资源就是社会的一部分普遍信任所产生的一种力量。一个社会的信任程度越高，它的社会资源就越丰富，反之，社会资源就越贫乏。正如信任一样，社会资源可以存在于家庭这种最小、最基本的社会群体中，也体现在企业、国家等大的群体中。家庭中的社会资源主要表现为家族内部团结协作的家族主义。这种家族主义有利于家族成员之间相互信任，建立家庭企业。同时，家族主义也容易造成非家庭成员之间的相互排斥，降低社会信任程度。另一部分存在于大的企业和社会群体中的社会资源，能够使成员之间具有合作精神，产生团体主义，这有利于普遍社会信任的产生，从而有利于建立现代化管理的大型企业，形成资源密集型的工业结构，降低组织经营成本、提高企业生产效率。

经济学家格伦·卢里在批判新古典经济理论时首次在经济研究领域运用了社会资源概念。在对新古典理论对种族收入不平等的分析及其政策建议的批评中，卢里认为，正统的经济理论太过于个人主义，仅注意个人的人力资源以及创造一个以这种技术为基础的、水平的竞争场地。按照卢里的分析，由于两个原因，种族不平等将永远存在。第一，黑人父母继承下来的贫困会以物质资源和教育机会更少的形式传递给他们的子女。第二，年轻的黑人工人与劳动力市场的联系更薄弱以及缺乏就业机会的信息。遗憾的是，卢里没有继续详尽地发展社会资源这个概念，在早期的研究中，他对社会资源的概念运用只提到过一次，而且使用的是相当试探性的术语。进一步来说，虽然卢里的概念包含了少数民族的年轻人以及非少数民族的年轻人通过社会资源获得机会的不同途径，但是我们没有发现他对这个概念与其他形式的资源之间的关系进行系统论述。在晚近时期，他在劳动力市场研究中提出，社区性的社会关系资源体现的社会资源决定了处于不同地位的群体的收入和就业机会。然而，在卢里的研究中，作为社会资源的社会关系仅仅是一种结构性的制度"资产"，不是有着单独生产功能的功能性物质"资产"。尽管这一结果可能与提出"社会资源"概念的初衷有相左之处，但"社会资源"作为影响社会互动关系的制度背景被明确地纳入了经济学研究的框架。之后的经济学家虽然在社会资源的内涵侧重点上与卢里有所不同，但是他们对社会资源的解释基本上都没有脱离上述视角。

美国哈佛大学社会学教授罗伯特·帕特南将社会资源的研究推向了热潮。他在《独自打保龄球——美国下降的社会资源》一文中提出，有明显的迹象表明，美国公民社会的活力在过去几十年的时间里明显下降了。帕特南的观点遭到了不少社会学家的批评，这不仅使社会资源概念在学术界引发了强烈反响，还使之成了公众谈论的热门话题之一。帕特南认为，"社会资源"指的是社会组织的特征（例如信任、规范和网络），它们能够通过推动协调和行动来提高社会效率。公民参与是帕特南理论思想的核心概念之一。他对意大利行政区政府的质量进行了调查，发现一些新政府的管理成效是令人失望的，而另外一些政府则取得了巨大的成绩。在《繁荣的社群——社会资源与公共生活》一文中，帕特南在分析造成如此之大差别的原因时提道："一些表面上的答案被证明是没有说服力的。由于每个地区的政府组织在形式上非常相似，因此无法以此来解释政府运作上存在的差别。政党政治或者意识形态起不到太大的作用。富裕和繁荣没有直接的效果。社会稳定、政治和谐或者人口流动也不是关键。在这些因素中没有一个像我们期望的那样是与好政府相关联的。相反，最好的预报因子就是阿列克斯·德·托克维尔设想的那种强大的公民参与传统。"他认为："存在于这种公民传统的核心的是由有组织的互惠和公民团结组成的多种多样的网络。"概言之,帕特南研究得出,社会资源是造成意大利政府质量差异的主要原因。帕特南从政治学的角度研究社会资源,强调公民参与对政治建设的重要意义,为社会资源开拓了一个独特的研究视角。但是,从帕特南关于社会资源的概念界定中我们可以看出,他将社会资源中的信任、规范等主观价值因素与网络这一客观因素割裂开来。笔者认为,研究者可以通过主观因素和客观因素来分别透析社会资源,但是不应该(也不能)人为地用分割的方式来界定社会资源。作为主观因素的信任、规范等是维系网络关系互动的条件;作为客观因素的网络关系则是信任、规范存在的载体。两者应是"你中有我,我中有你",浑然一体的。

(三)政治学家对社会资源的界定

政治学家对社会资源的研究主要强调社会资源对于组织行为或集体行为的重要性,强调社会资源对于政治稳定与社会发展的重要性。他们大多将社会资源视为社会组织的特征,以此来研究社会资源与政治民主、公民社会、政府行为、社会治理等内容。

美国政治学家罗伯特·帕特南具体分析了社会资源与政治民主、制度绩效等的关系。他在《使民主运转起来——现代意大利的公民传统》一书中提道:"社会资源指的是普通公民的民间参与网络,以及体现在这种约定中的互惠和信任的规范。"[1]在该书另一处,他又指出:"社会资源是指社会组织的特征,诸如信任、规范及网络,它们能够通过促进合作行为来提高社会的效率。"

---

〔1〕 〔美〕罗伯特·D. 帕特南:《使民主运转起来——现代意大利的公民传统》,王列、赖海榕译,江西人民出版社 2001 年版,中译本序第 1 页。

　　帕特南是通过研究意大利南北地区在民主化实践过程中体现的制度绩效的差异提出社会资源概念的。在研究过程中，帕特南发现意大利北部地区和南部地区同时实行了制度改革。但20年后，北部地区走上了温和、稳定的民主之路，而南部地区的民主化程度还很低。为什么同一个国家的不同地区进行相同的民主改革却产生了如此巨大的差距呢？帕特南首先考察了经济的现代性与制度绩效的关系。他认为，经济现代性程度尽管对制度绩效有一定的影响，但它不是决定因素。因此南北地区民主化程度的差异显然不能归因于经济的现代性，或许还有其他因素。于是，他想到了公民生活并考察了公民生活与制度绩效的关系。在这里，他便引入了"社会资源"概念。在帕特南看来，意大利北部地区公共精神非常发达，社会组织多，公民参与社会生活的积极性非常高，人们在交往的过程中自然会产生社会资源（如较高的信任感、规范和网络），其结果是推动社会朝着良性循环的方向发展，从而提高社会的民主程度。而在意大利南部地区，人们极少参与社会生活，缺乏具有较高公共精神的社会团体，因此人们之间彼此不信任，相互背叛、猜疑，处于一种孤立、混乱的状态。在这种情况下，社会资源就不容易产生，民主化程度自然很低。因此，社会资源之所以能够使民主运转起来，原因就在于它创造了具有公共精神的公民，正是这些相互信任、乐于合作的公民使得民主制度有了生命。

　　在其著作《独自打保龄球——美国下降的社会资源》中，帕特南用相同的思路和方法研究了美国的社会资源状况。他指出，在19世纪30年代，美国人非常喜欢参与社会活动，组织社团联盟。这些全民参与和社会联合促进了经济发展，降低了犯罪率，提高了政府效率。但是，最近30年，美国人对政治和社会活动的参与在不断下降。人们越来越远离邻居、社区，传统的公民社会正在崩溃；各种社会团体和组织正逐渐减少，过去有数以千计的人参加保龄球联盟，而现在，人们更喜欢独自打保龄球。基于对当今美国的公民精神、社会参与、信任等状况的分析，帕特南得出，美国的社会资源下降了，美国的民主程度下降了。

哈佛大学学者弗朗西斯·福山是从文化角度研究社会资源较有影响的人物。福山认为："所谓社会资源，则是建立在社会或其特定的群体之中，成员之间的信任普及程度，这样的信任也许根植于最小型、最基础的社会团体里，也就是我们熟知的家庭，也许可能存在于规模最大的国家，或是其他居于两者之间的大大小小的群体中。社会资源和其他形式的人力资源不一样，它通常是经由宗教、传统、历史、习惯等文化机制建立起来的。……虽然契约和自我利益对群体成员的连属非常重要，可是效能最高的组织却是那些享有共同伦理价值观的社团，这类社团并不需要严谨的契约和法律条文来规范成员之间的关系，原因是先天的道德共识已经赋予了社团成员互相信任的基础。""信任"是福山社会资源概念的基石。他认为，以文化为基础的信任在团体发展中的作用远远大于正式的、严谨的契约和法律条文规范。在《公民社会与发展》一文中，福山明确提出了非正式规范即为社会资源的界定。他指出："社会资源是一种有助于两个或更多个体之间相互合作、可用事例说明的非正式规范。这种规范从两个朋友之间的互惠性规范一直延伸到那些像基督教或儒教之类的复杂而精巧的教条，牵涉的范围十分广泛。"在相当长的时期里，社会科学家们认为，现代性的本质是理性的科层制，正式的法律制度必将完全取代非正式的协调机制。与之相反，福山认为：其实，以非正式规范为基础的协调依然是现代经济的重要组成部分，而且随着经济活动日益复杂和精巧，它将变得更加重要。这是完全可以证实的。许多复杂的机构在监督方面的成本很高，它们如果不是通过正式的监督机制而是借助内化的职业标准来控制，将会运转得更好。"古典泰勒制以一种高度集中的科层制方式来组织生产场所，结果出现了许多生产无效率的问题，因为决策和信息沿着指挥的等级链条上下流动时会发生延误或歪曲。"福山强调非正式规范的重要性，为我们在众多社会资源概念界定中寻找到了一个新的视角。但是，无论从理论层面，还是从实践层面来看，福山离开对客观的社会关系的研究，将社会资源与非正式规范等同，并过分夸大文化因素在社会发展中的作用，无疑陷入了文化决定论的窠臼。

（四）社会资源向广义扩展

随着各专业领域对社会资源研究的逐步深入，关于社会资源的概念界定也日趋多样。费伊将社会资源界定为"有利于在团体内部或团体之间合作的网络及共享的行为规范、价值标准和相互理解"。世界银行强调，为缩小文献中微观和宏观制度下的社会资源在正式和非正式制度、横向和纵向联系间的区别，社会资源在定义和衡量时需要一个综合的观点。为此，他们把社会资源看作"将社会群体粘在一起的胶合剂"，这包括准则得以发展及决定社会结构的社会环境和政治环境。此外，除了大量的非正式的横向关系外，纵向的科层组织也包含在其中。因此，政府、政治制度、法律制度、立法体系及公民和政治自由等正式制度关系和结构等都属于社会资源的范畴。与此同时，社会资源的分类越来越多，广义社会资源、狭义社会资源，制度社会资源、关系社会资源，结构型社会资源、认知型社会资源等新的概念层出不穷。社会资源作为一种"概念时尚"已经被引入迷途。在分析了国外学者关于社会资源的界定后，我们也可以看出社会资源概念界定过度泛化的趋势。

三、国内关于社会资源的界定

在社会科学研究领域，国内学者们在正式使用"社会资源"这一概念之前也已关注到了社会资源的一些核心要素。早些年，就有人出版过名为《经济与文化》的小型刊物，开始对经济与文化的协调发展进行研究。之后，《现代经济文化导论》（周浩然、张炜著，中国经济出版社 1994 年版）、《华夏文明振兴之路——经济与文化协同发展论》（仇保兴主编，人民出版社 1995 年版）、《文化力——横店的启示》（孙是炎著，中共中央党校出版社 1995 年版）、《地区形象建设理论与实践》（仇保兴主编，人民出版社 1996 年版）、《地区形象论》（罗治英著，中央编译出版社 1997 年版）等著作陆续出版。研究者普遍注意到文化、信任、规范、制度、形象等对于经济和社会发展具有十分重要的意义。在当时，学者们称之为"文化力"。这些研究虽然没有使用"社会资源"这个概念，但研究的内容与社会资源理论是基本一致的。通过以上不同学科对社会资源的界定，我们可以看出，学者们从各自独特的视角对社会资源进行了界定和研究。这些学者之所以对社会资源如此关注，是因为社会资源概念具有独特的应用能力和解释力。因此，我们可以追寻不同国内学者的研究轨迹，将他们各自对社会资源的研究成果加以总结。如卜长莉将社会资源诸多不同的定义归纳为如下五种类型：

（1）关系说：认为社会资源是一种通过"体制化关系网络"的占有而获取的实际的或潜在的资源集合体，是从社会网络中动员了的社会资源。

（2）能力说：认为社会资源是行动主体与社会的联系以及通过这种联系获取稀缺资源的能力。

（3）功能说：认为社会资源是能为人的行动带来便利的社

会资源。

（4）网络说：认为社会资源从形式上看就是社会关系网络。

（5）文化规范说：认为社会资源的本质是信任、互惠等文化规范。

（一）社会资源"网络说"

在我国，首先明确提出社会资源概念并对社会资源理论进行系统研究的是中国社会科学院社会学所的张其仔博士。他把社会资源定义为社会网络，认为社会资源既不同于文化资源，也不同于经济资源和人力资源。如果说经济资源可以完全依附于个人，社会资源则存储于人与人之间；如果说经济资源既可以是有形的，也可以是无形的，社会资源则是无形的，是一种能感觉得到，却看不见、摸不着的东西；如果说经济资源既可为公共物品，也可为私人物品，社会资源则纯粹是公共物品。应当说，张其仔抓住了社会资源概念中最为本质的部分，但是其理论也存在着不可避免的缺憾。譬如，社会资源不应该被简单地定义为社会网络，并不是所有的社会网络（如裙带关系、犯罪团伙等）都可以被称为社会资源。社会资源不仅对经济发展影响巨大，而且对社会其他方面的影响也不可忽视。

吉林大学的卜长莉博士对社会资源"网络说"进行了更深一步的研究。她认为："社会资源是以一定的社会关系为基础，以一定的文化作为内在的行为规范、以一定的群体或组织的共同收益为目的、通过人际互动所形成的社会关系网络。"网络、规范以及功能是其社会资源基本内涵的三个主要方面。其中，社会关系网络是社会资源的客观内容，文化规范是社会资源的主观内容，能够带来价值增值是社会资源为群体或组织带来的结果。卜长莉博士发展了张其仔博士关于社会资源"网络说"的概念界定，她将客观的社会关系与主观的文化规范有机结合起来，无疑为我们剖析社会资源的本质内涵提供了一种理想的研究类型。但是，社会资源（即社会网络）这一命题是否成立，还有待于进一步探索。

（二）社会资源"能力说"

边燕杰、邱海雄等研究了企业的社会资源，在分析了前人对社会资源的概念界定的基础上，他们将社会资源界定为，它"是行动主体与社会的联系以及通过这种联系摄取稀缺资源的能力"。对行动者而言，所谓稀缺资源主要是指权力、地位、财富、资金、机遇、信息等。当这些资源在特定的社会环境下变得稀缺时，行动者可以通过两种社会联系摄取：第一种社会联系是个人作为社会团体或组织的成员与这些团体和组织所建立起来的稳定的联系；第二种社会联系是人际社会网络，这种联系无需任何正式的团体或组织仪式，它是由人们之间的接触、交流、交往、交换等互动过程而发生和发展的。边燕杰等认为，作为经济活动的主体——企业——也是在各种各样的联系中运行的，因而提出了企业社会资源的概念，即"强调企业不是孤立的行动个体，而是与经济领域的各个方面发生种种联系的企业网络上的纽节。能够通过这些联系而摄取稀缺资源是企业的一种能力，这种能力就是企业的社会资源"。事实上，边燕杰等在后续的研究过程中认为社会资源是一个含义宽泛、内容不确定的学术概念。在分析中国城市居民社会资源时，他采用了社会资源（即社会网络）的观点。

（三）社会资源向广义扩展

在国内，对社会资源概念的界定也存在着向广义扩展的态势。李志青博士从结构性解释出发，将社会资源广义地界定为"给定经济体中决定个体互动关系的社会网络、规范和制度，它们包括存在于给定经济中的正式、非正式制度，通过作用于个体互动，社会资源影响了个体的行为选择，并最终影响了经济体系的演进"。在该社会资源定义中，既包括正式制度，也涵盖非正式制度。盛冰博士将社会资源界定为一个共同体中人与人、人与组织以及组织与组织之间长期交往形成的，嵌于社会关系和社会结构之中的，以态度、信任、习俗、惯例、规则、网络、制度等多种形式存在的，被社会结构中的行动者（无论是个人还是组织）所获得和利用，并为行动者在有目的的行动中提供便利的一种资源。社会资源可以被分为认知社会资源、关系社会资源和制度结构社会资源三种形式，并具有公共物品性、不可转让性、可转换性、层次性、生产性、无形性以及分布的非均衡性等特征。在该社会资源概念界定中，制度社会资源指的是非正式制度，包括习俗、规范、仪式、价值观、信仰、学校文化或学校氛围、隐蔽性课程等关系。社会资源被分为"关系性嵌入"和"结构性嵌入"两类：关系性嵌入是指具体的人与人之间的关系；结构性嵌入是指人与人之间的社会关系网络以及组织与组织之间的社会关系网络。认知社会资源主要指语言、编码、默会知识等。

分析国内外关于社会资源概念理解的发展态势我们不难看出，无论是国外学者，还是国内学者，"目前存在一个倾向，即把社会资源的概念扩展得过于宽泛，将其归纳到一个包含所有资产的种类里，而不是归纳在传统的自然资源、物质资源和人力资源一类中"。但是，"如果一个概念包含的内容过多，那么实际上它就什么也不能解释。因此，目前研究中面临的挑战就是如何根据不同的研究内容给予'社会资源'这个内涵丰富的词汇一个有意义而实际的界定"。[1]笔者认为，要真正解释

---

〔1〕〔英〕C.格鲁特尔特、T.范·贝斯特纳尔编：《社会资本在发展中的作用》，黄载曦、杜卓君、黄治康译，西南财经大学出版社2004年版，第34~36页。

"社会资源"这一概念，还须从辞源学的角度来理解。

（四）社会资源中的"社会"应有之义

在汉语语境中，"社会"一词是由"社"和"会"演进而来的。"社"本字是"土"，在甲骨文中其形为"家"土丘。《孝经·纬》记载："社，土地之主也。土地阔不可尽敬，故封土为社，以报功也。"在这里，"社"是指传说中的"土地神"。后来，"社"意指人们聚集在一起，祭祀土地神的地方。所谓"故祀以为社"《国语·鲁语上》中的"社"即为祭祀"社神"之所。而后，"社"又被用作"集体性组织"之意。如晋《莲社高贤传·慧远法师》"既而谨律息心之士，绝尘清信之宾，不期而至者……结社念佛，世号十八贤"，[1]即为"集体组织"之意。在古籍中，"社"有时也指志同道合者集会之所，如"文社""诗社"，或指中国古代地区单位（如"二十五家为社"等）。"会"在古文中，与"合"会合、"乡"众多相通。《礼经》中有"器之盖曰会，为其上下相合也"。后来，"会"演变为业务、社交或其他性质的集会，如"赶会""开会""欢送会"等。此外，在中国古代"会"也是民间的一种小规模经济互助形式。一般来说，由发起者聚集若干人，按期等量交款，首次由发起者使用，以后按议定或抓阄决定的顺序轮流使用。如《儒林外史》中就有"正在各书店里约了一个会，每店三两"之说。最后，"会"还有为一定目的而成立的团体之意，如帮会、学会、同乡会等。"社会"一词合用始于《旧唐书·玄宗上·本纪第八》。书中记载："礼部奏请千秋节休假三日，及村间社会，并就千秋节先赛白帝，报田祖。然后坐饮，散之。"在这里，"社会"是指村民集会。在古代私塾时期，"社会"一词

---

〔1〕 汉语大词典编辑委员会、汉语大词典编纂处编纂：《汉语大词典》，汉语大词典出版社 1991 年版，第 230 页。

用来指教师为收取学生学费而举行的集会活动。如孟元老《东京梦华录·秋社》云："八月秋社……市学先生预敛诸生钱做社会，以致雇请抵应、白席、歌唱之人。归时各携花篮、果实、食物、社糕而散。春社、重午、重九，亦是如此。"[1]后来，日本学者在明治年间最先将英文"Society"一词译为汉字"社会"，近代中国学者在翻译日本社会学著作时，袭用此词。自此，汉语境中的"社会"才有了现代通用的含义。英语意为与他人同志式的、朋友式的联合。该词是从法语和拉丁语移植过来的，本意为"伙伴关系、交情、友谊"和"社团、协会、联合"，其形容词源于拉丁文，意为"联合的、同盟的，伙伴、同事者"。按照《美国传统英语词典》的解释，除可解释为"人类社会关系的总和"外，还可解释为"在利益共享、特殊关系参与下，拥有共同的习俗和文化，并与其他团体有着广泛区别的人员组合""独立的、延续的团体风俗习惯和文化""从事共同的事业、活动或兴趣的团体或协会"等。尽管语境不同，但是就社会资源中"社会"一词的本意而言还是有诸多相通之处的。首先，社会资源中的"社会"两字强调可利用的资源，不是属于私人所有，而是存在于互动的社会关系网络之中。不但个人可以从关系网络中获益，而且组织也可以从关系网络中获益。"关系网络"是社会一词所蕴含的最为核心的含义。其次，这种关系网络是经过长期交往、志同道合、合作互惠而形成的。无论是汉语境下的"文社""诗社"以及《儒林外史》所说的"会"，还是欧美语境下的"协会"，都是经过长期交往，逐渐形成的，且成员之间志同道合、利益共享。最后，这种关系网络的形成往往是在非正式制度影响和制约下形成的。这种非正

---

〔1〕 付子堂、胡仁智："论法律的社会功能"，载《法制与社会发展》1999年第4期。

式制度（如意识形态、价值信念、风俗习惯、道德规范等）虽然不具备正式制度（如法律、法规等）那般的强制性，但是却是关系网络得以发展的"黏合剂"。在远古漫长的时期内，非正式制度代替正式制度约束着人们的行为，即使在正式制度占"强势"的晚近及当下，非正式制度也仍然发挥着重要的作用。

四、社会资源的界定

综合各家观点，结合对社会资源中"社会"一词的辞源学考察，笔者认为，所谓社会资源，是指个人或组织在意识形态、道德规范、习俗惯例等非正式制度的影响和制约下，通过长期交往、合作互惠，进而在形成的一系列互动的网络关系基础上，积累起来的资源总和。它在客观层面上表现为关系网络因素在主观层面上表现为"勃合"关系网络的非正式制度的文化因素，诸如伦理规范、价值信念、习俗惯例、意识形态等在社会资源概念中，笔者强调、分析社会资源，不但可以从微观的个人层面出发，而且可以从中观乃至宏观的组织层面入手。就一个家庭而言，不但每一个家庭成员都拥有各自的社会资源，而且整个家庭也拥有自己的社会资源；就一个企业而言，不但每位管理人员或工人都拥有各自不同的社会资源，而且该企业作为一个组织也拥有自身的社会资源；就一个国家而言，不但拥有内部的社会资源，而且相对于他国还拥有外部的社会资源。组织的社会资源与组织内部局部的社会资源相互影响，但是组织的社会资源绝不是组织内部局部或个体的社会资源的简单累加。社会资源是在意识形态、道德规范、习俗惯例等非正式制度的影响和制约下形成的。许多人把运用社会资源错误地理解为不道德的"耍手腕"，即建立和运用社会联系是为了用于自私自利的工具性目的，甚至是为了邪恶的用途。

为了反驳这一观点，贝克举了一个经典案例假设您在休和鲍勃之间发现了结构空洞。您如何处理符合行为规范的决定是把他们两人联系到一起；另外一种可能的做法是，使两人保持分离，并利用他们之间的结构空洞。譬如，您可以在私底下询问鲍勃以前的客户，从他那里得出可能对休有用的资料。然后，您把您所知道的情况当成自己的资料去告诉休，但绝不揭露"情报来源"。当然，休会很感激您提供的情况。您可能为此而获得好处，但是这种好处的获得却是通过隐瞒情况而得来的。您丧失了一个通过帮助他人建立联系来帮助他人的绝好机会。"这类行为确实有利可图，但长此以往，这种做法本身就会造成自我限制，甚至还会弄巧成拙。"〔1〕因此，我们说，道德规范的约束在社会资源形成中起着关键的作用。

信任作为一种重要的道德规范，是长期联系和维持人与人、组织与组织之间关系的桥梁和纽带，是发挥组织效能、节约交易费用的重要文化因素。科尔曼、帕特南以及福山都论证了信任决定社会机构的表现。他们都认为信任是社会中的人进行社会合作以产生有效结果和避免类似于"囚徒困境"的无效不合作陷阱的一种倾向。阿罗认为，在缺乏信任的条件下，设定一些可供选择的法令与保险将会付出极高的代价，以至于有益于相互合作的许多机会都将会失去。经济学家对于作为合作的信任有两种观点。一种观点以重复博弈理论为基础，认为信任首先是一种合作的机会，而不是完全理性的。另一种观点以经济实验为基础，认为即使仅有一次交往，人们也会采取合作。这两种观点都说明了人们之间的较高信任应该与较高的合作联系起来。"这些关于信任的观点隐含着一个共同的重要意思，即为

---

〔1〕〔英〕韦恩·贝克：《社会资本制胜——如何挖掘个人与企业网络中的隐性资源》，王晓冬译，上海交通大学出版社 2002 年版，第 210~211 页。

确保在陌生人或不经常见面的人之间形成合作，相对于在经常打交道的人之间形成合作，信任显得更为重要。"因此，不但在微观个体之间，建立基于信任的合作关系是非常必要的，而且在大的机构组织中，如果缺乏信任，那么合作也是无法维持的。

互惠是人们行动交往的重要价值信念。一般而言，处理人际关系无外乎四种做法：一是损人不利己。为了泄私愤，为了实施报复，不惜牺牲个人利益，不顾一切地去损害他人，结果双双受损。二是损己利人。在关键时刻，牺牲个人利益，去帮助他人。这种情况一时可以，长期坚持一般很难做到。三是损人利己。把自己的利益建立在伤害别人的利益基础之上，虽然可能一时受益，但最终结果一定是伤害自己。四是利人利己。就是在为自己着想的同时，也不忘记他人和组织的利益。最后一种做法就是互惠原则，极受重视，对于维持人际关系稳定和促进社会发展具有重要作用。互惠强调权利和义务的平等，个人利益、他人利益、集体利益、社会利益的统一，它集中表现为双赢。无论是在古代社会，还是在现代社会，人们建立的一系列的关系组织，质言之，就是建立一系列互惠共同体。

习俗惯例是人们在长期交往过程中，逐步形成的一系列非正式规则。按照马克思·韦伯的理解，惯例应该被称为在一定范围内的人当中被作为"适用"而赞同的、并且通过对它的偏离进行指责而得到保证的"习俗"。与"法律"在这里应用的词义上相反，这里没有专门为了强制而设立的人的班子。作为非正式制度的习俗和惯例，虽然不具备作为正式制度的法律和法规的强制性，但是习俗惯例和法律之间的关系极为密切。事实上，任何法律规则都是对过去的现存事态、习俗和惯例的肯定与否定。根据历史法学派的基本观点，法律是一种调整和规范人们交往与交换的正式规则系统，是从社会现实中人们的行事方式、习俗和惯例中演化而来的。就功能而言，习俗、惯例等非正式秩序和非正式制度实际上比法律规则和司法强制等正式制度对人们的行为有更大范围的实际约束作用。在远古时代，习俗惯例在约束人们的行为中发挥着决定性作用，即使在当下人们的社会交往和市场运作中，法律的作用也只是保障人们按照习俗和惯例行事。社会资源是建立在长期交往、互动的网络关系基础之上的资源集合体。通过关系网络获得回报，进而挖掘出有利于自身发展的资源，是社会资源最为核心的要素。无论是国外学者布尔迪厄、科尔曼、林南，还是国内早期接触社会资源的研究人员，甚至是在社会资源概念不断扩展的当下，人们都把网络关系作为社会资源研究的基本范式。即使从词源学上来考察，尽管东西方的语境不同，但是追寻"社会"一词的本意，也都含有"朋友的""伙伴的""集体的"等网络关系的意蕴。此外，这种网络关系是一种长期交换、使用、交往等互动的网络关系。关系网络是投资策略的产物，这些策略可以是个人的，也可以是集体的，它们有意识或无意识地针对某些社会关系的确立或再生产，而这些关系则是在短时间内或很长一段时间内直接用得着的社会关系，即把那些偶然的关系（诸如邻居关系、工作场所的关系，甚至亲属关系）转变成既必需又有选择性的关系，转变成从主观上感到有必要长久维持其存在感激的心情、尊敬、友谊等关系，转变成在体制上得到保障的权利关系。这是通过献祭的炼金术、象征性地建构来完成的，这一象征性的建构，是由社会体制作为亲属的体制（如兄弟、姐妹、表兄弟等）或作为骑士、继承人、前辈的体制等产生的，它在礼物、言词等的交换中并通过这样的交换得到无止境的再生产。这种交换是象征性体制所鼓励的，而且象征性体制也预先规定并生产了彼此的了解和承认。简而言之，关系网络是在不断交往、互动的过程中产生和积累起来的。既定的关系网络如果不交往、互动，那么便只能是潜在的资源。只有当关系网络不断发生交往和互动时才能产生实际的资源。林南将霍曼斯的同质原则进一步扩展到多重资源结构（如权威、地位或阶级）中的相似位置的占据者中，认为"互动可以吸引拥有不同种类资源的搭档参加"。所以，互动可以加快社会资源积累的步伐，同时可以使行动者更有效地运用和发掘异质资源。此外，社会资源不会因为使用而枯竭，但却会因为不使用而恶化甚至消亡。事实上，只要参与者保持优先责任、维持互惠与信任，社会资源就会因使用而得到改进。

关于社会资源的概念，虽然不同的学者给出了不同的解释，但其基本思想是清楚的，即基于信任、制度、规则、传统惯例、习俗或投资于社会关系的人与人、人与组织、组织与组织之间的网络关系可以为个人或组织的生存和发展提供动力或方便。因此，本书在分析社会资源概念研究文献的基础上，将社会资源的内涵定义为，组织内部成员之间以及组织与外部对象之间，在长期的交往过程中形成的，以信任、互惠、规范、制度与合作为主要特征的一系列社会关系网络资源。

第二节　高校社会资源

高校社会资源，是在明确社会资源这一基本概念的基础上提出的，强调高校作为国家和社会不可或缺的一类组织部门，不是孤立的行动个体，而是与政治、经济、文化、教育等领域有着密切联系的"网上之结"。明确说来，所谓高校社会资源，是指高校在意识形态、道德规范、习俗惯例等非正式制度的影响和制约下，通过长期发展，内外部交往，合作互惠，进而在形成的一系列互动的网络关系基础上积累起来的资源总和。

一、高校社会资源的内涵

关于什么是高校社会资源，我们可以从以下三个方面去了解。

（一）非正式制度下的高校社会资源内涵

关于什么是制度，不同学科、不同领域、不同学者对其的阐释多种多样，在制度史上尚没有一个公众认可的、统一的界定。按照《辞海》的解释，制度的第一含义便是指要求成员共同遵守的、按一定程序办事的规程。

在汉语中，"制"有节制、限制、制约的意思，"度"有尺度、标准、法度的意思。这两个字结合起来，表明制度是制约人们行为的尺度。尽管社会科学家们对制度有着不同的定义，但是总体而言，所谓制度就是指约束人们行为的规则或方式，是人们在行为中所共同遵守的办事规程或行为准则。更通俗地讲，制度就是社会中的游戏规则，新制度经济学家把制度分为正式制度和非正式制度两种类型。所谓正式制度，是指人们有意识地设计和创造出来的，通过国家等组织确立的一系列的成文规则，包括法律、规章、正式契约等。所谓非正式制度，则是指人们在长期社会交往中，无意识地逐步形成并得到公众认可和接受的一系列行为约束规范，包括意识形态、道德规范、习俗惯例等，其中意识形态处于核心位置。

意识形态不仅可以蕴涵道德规范、习俗惯例等，而且还可以在形式上构成某种正式制度安排的"先验"模式，甚至有可能取得优势地位或以"指导思想"的形式构成正式制度安排的"理论基础"和最高准则。正式制度与非正式制度的主要区别在于，正式制度是人为设计的，具有强制性，制度设计者可以强制性地迅速改变制度内容。如新政权建立后的立法等。非正式制度则是自发生成的，虽不具有强制性，但是公众会按惯例来惩罚违反者。如对缺乏诚信的人，人们会减少或者拒绝与之交往等。并且，非正式制度不是一朝一夕就可以改变的。从发生学的角度而言，非正式制度产生在正式制度之前，并且伴随着社会的不断发展，非正式制度和正式制度都在不断发展演变。

社会交换理论认为，交换是人类普遍存在的一种现象。人类最原始、最基本的交换应该是面对面的"物—物"交换。在这种最初始的交换过程中，互惠、等价等非正式制度规范制约着人们的交换关系。由于劳动分工商品、货币等的出现，交换的形式也日趋复杂。人们的交换成本以及期望取得的报酬也不仅仅局限于经济的或者有形的物质形式，还包括感激、权力、认同和声望等，非物质形式交换的主体也不仅仅局限于个体行动者，还会扩展到不同的组织机构。于是，除了公众认同的习俗惯例、价值规范等外，权力机构还出台了强制性的正式制度来制约人们的交换关系，当然还有制约社会行为活动的正式制度出台。

按照正式制度形成的途径，我们可以把正式制度分为两种类型：一类是由非正式制度逐步演变而来，后经公众认可，并经制度制定者确认的正式制度；另一类是制度制定者有意识地设计并创造出来的成文规则。制度之所以可以在社会发展中发挥关键作用，是因为它能够提供一种激励、约束机制。制度除促使人们更加积极地投入社会活动中、实现资源配置最优化外，还可以约束人们的行为、节约交易的成本、提高交易的绩效。如果不考虑交易成本和交易绩效，显然，正式制度会因其具有的外在强制力而成为人们行动选择的唯一指南。但是，在现实生活中，交易成本无处不在，正式制度的制定和实施不仅需要建立一套专门的组织机构，而且需要通过一定的工作程序，其间不乏讨价还价、营私、寻租等活动，这些都需要耗费一定的社会资源，且其运行成本较高。而非正式制度作为人们社会互动的副产品，其施行是依靠人们的自觉和自愿，或社会的风尚和习惯，即不需要雇请专门的人员监督和执行，其实施几乎不需要花费多大的社会成本。因此，一项正式制度安排如果能够得到组织成员的认同并将其作为自身的行为规范，那么制度的监督和执行就会无需第三方参与而由人际的社会关系网络自发完成，这样就会极大地降低交易成本。

从这个意义上说，最有效率的制度安排是能够实现正式制度与非正式制度的融合。反之，正式制度与非正式制度的冲突将会削弱正式制度规则的有效实施，常常导致正式制度规则的"仪式化"和非正式规范作为资源配置的幕后交易规则等阻碍国家或正式组织目标实现等一系列不良的社会后果。事实上，即使是最为健全和完善的国家或组织机构也不可能穷尽人类社会活动的所有行为规范，因此正式制度的制约范围是有限的，相对而言，非正式制度的制约却无处不在。在正式制度居于"强势"地位的当下，之所以会出现"政府失灵""市场失灵"等现象，在部分程度上就是因为社会中非正式制度缺失或变异。高校作为一个组织部门，其发展不但受到正式制度的制约，而且还受到非正式制度的制约。这种非正式制度既有高校自身长期积淀形成的，也有基于国家、社会等外部组织对高校发展的影响形成的。事实上，在中世纪大学起源时期，决定大学形成、发展、运营的很少是正式制度，大部分是非正式制度。及至德国洪堡建立柏林大学，大学逐渐由国际性向民族性、国家化演变。大学国家化程度的提高使左右大学发展的制度逐步由非正式制度向正式制度转变。20世纪中期以降，大学运营市场化趋势开始先后在不同国家出现。由此，国家、市场开始双重制约大学的发展：一方面，外部权力机构不断加强对高校的正式制度制约；另一方面，高校内部科层管理日益强化、正式的规章制度更加细化。作为维系高校发展的非正式制度在正式制度单向突进的"高压"下显得黯然失色，从而造成制度严重失衡，由此带来的是高校面临着诸多困境：外界与高校之间缺乏信任，师生之间疏于交往，科研人员缺少合作，高校管理日益僵化，大学精神严重缺失，等等。基于此，笔者认为，要重塑大学精神、激活高等学校活力，彰显高校运营中的非正式制度因素至关重要。所以，作为主观文化因素，非正式制度是高校社会资源的灵魂，是维系高校内外部关系良性运行的纽带。

当然，我们强调非正式制度在高校发展中的重要性，绝不是要降低或否定正式制度的重要性。如上文所言，一个社会的制度安排是否合理，就是要看其正式制度与非正式制度是否能够相互融合。同样，高校的制度安排是否合理，也要看其正式制度与非正式制度能否有机统一。我们在强调非正式制度对高校发展的正面作用的同时，也不能否认它在高校形成和发展中的消极作用。事实上，非正式制度也有十分不利于高校发展的负面效应。譬如，在我国，公平优先的传统观念使高等教育体制改革和创新的推进步伐缓慢。再如，虽然说信任是团体之间合作互惠的重要文化因素，但是过度的信任往往会造成局部小范围内的"团结"，从而产生排外情结。这种现象会给高校培养人才、发展科学、服务社会等带来负面影响。基于非正式制度的正、负两个方面的影响，笔者强调：一方面要加强和深化正式制度的建设，以约束非正式制度中的负面因素；另一方面要在高校的发展演进中，不断促进非正式制度的自身变革。从而使正式制度与非正式制度相互影响、相互促进、共同发展、相得益彰。

（二）高校网络关系是构成高校社会资源的客观因素，是高
校社会资源的躯体

正如网络关系是社会资源概念的最为核心的要素一样，高
校网络关系亦是高校社会资源的主体部分。离开高校网络关系
就无法谈论高校社会资源。与个人社会资源不同的是，高校作
为一个组织，不但涉及与外部的网络关系，而且还存在内部的
网络联系。因此，我们可以将高校社会网络关系划分为高校外
部网络关系和高校内部网络关系两种基本类型。由于高等教育
结构具有多层次性、多方面性、可变性、突进性、他律性以及
非线性等特点，所以我们很难详尽列出高校内外部的各种关系。
高校外部网络关系是指高校在与外部联系时所产生的社会网络
关系，它包括高校的垂直网络关系和高校的水平网络关系两种
类型。高校从外部网络关系获取的社会资源可被称为高校外部
社会资源。高校的垂直网络关系主要是指高校与上级政府部门
（特别是上级教育行政主管部门）之间的关系，也包括高校与其
附属单位之间的隶属关系。高校的水平网络关系是指高校与不
存在直接或间接隶属关系的组织和个人之间的关系，如与其他
学校、科研院所、校友、捐助者等之间的关系。高校外部网络
关系主要影响高校自身获取各种稀缺资源的能力。这些稀缺资
源既可以是资金，也可以是科研项目，还可以是发展信息、人
力资源等。具体到中国的实际情况，一般说来，高校从外部网
络关系获取社会资源的能力高低取决于同上层部门之间的联系
能力，如资金的划拨、科研项目的争取等。但是，高校与其他
学校和机构、组织以及个人之间的联系亦不容忽视，例如，横
向联系数量多、范围广的高校就会比横向联系数量少、范围窄
的高校获得更大的发展机遇。高校内部网络关系主要是指有利

于高校管理人员、教师、学生、各管理部门以及各院系、所之间相互交流与合作，促进高校自身协调发展，进而增强其内部凝聚力的人际关系网络。高校从内部网络关系获取的社会资源可被称为高校内部社会资源。基于高校内部组织的复杂性，高校内部网络关系也表现为不同的方面。高校内部社会资源和外部社会资源之间一般会形成良性的互动，从而形成内外交错、协调发展的高校社会资源。

（三）非正式制度与网络关系是高校社会资源的一体两面

首先，任何非正式制度都不能够脱离具体的实体和网络关系而存在。从社会结构和功能来看，非正式制度表现出了两个方面的特征：第一，非正式制度存在于特定国家或地区的社会结构之中，不同国家、不同地域的非正式制度往往不同。换言之，非正式制度是作为结构性因素在国家或地区中发生作用的。第二，非正式制度并非浮于空中，而是落实到具体实体及其关系网络之上，并发挥作用的。"非正式制度只有存在于特殊类型的社会关系中，才能起作用，比如亲缘关系、地缘关系、私人交往圈、民间组织网络等，脱离了一定的关系网络，非正式制度也就失效了。"[1]也就是说，失去了网络关系的载体非正式制度也就失去了合法性存在的组织基础。

其次，任何网络关系交往都离不开非正式制度的规范和制约。肯尼思·纽顿认为，用社会网络这个字眼来定义社会资源没有什么问题。不过，社会网络必须建筑于互惠和信任的准则之上。如果在社会关系中没有去同情、去信任、去报答的主观能力，那么就不能够创造出强大的、广泛的网络关系。事实上，作为约束网络关系的非正式制度无时无刻不在发挥着作用。制

---

〔1〕 张继焦："非正式制度、资源配置与制度变迁"，载《社会科学战线》1999 年第 1 期。

度经济学家道格拉斯·诺斯认为，在从最原始社会发展到最发达社会的过程中，正式制度也只是起着部分的约束作用，在社会结构的各个领域中，控制结构差不多主要是由行为规范、行为准则和习俗来确定的。在制度变迁过程中，我们可以将正式制度从一个国家或地区移植到另一个国家或地区。这样不但可以大大降低正式制度变迁的成本，而且还可以有效规避创设正式制度带来的运营风险。但是，在正式制度移植的过程中，一定要与特定国家和地区的非正式制度相融。事实上，对于一个组织机构而言亦是如此。在任何一个组织机构创建伊始，非正式制度都会相伴而生。一个组织机构可以移植其他组织机构的正式制度，但是一定要与本组织的非正式制度因素相适应。否则，即使是再好的正式制度，如果脱离了本土非正式制度的接纳，也都会沦为"镜中花""水中月"。因此，高校社会资源是非正式制度与网络关系的统一体。高校作为学术共同体，其本身就是由一系列网络关系组成的，并且与外部世界不断发生各种各样的关系互动。这些关系的良性运转需要制度的约束，其中既有正式制度的制约，也有非正式制度的制约。从长远来看，建立理性化、法制化、成文化的正式制度安排才真正是现代高校制度发展的应然方向。但是，由于正式制度的自身限制性，非正式制度不但不可能退出历史舞台，相反，它还会伴随正式制度一直发生着作用。在崇尚理性、建设法治社会等理念的支配下，人们过度强调了正式制度的作用，忽视了非正式制度的规范。经典的经济学和政治学理论认为，政府是控制资源配置的一只"看得见的手"，而市场则是控制资源配置的另一只"看不见的手"。伴随着"政府失灵""市场失灵"现象的出现，人们开始发现控制资源配置的另一种因素——非正式制度。在非正式制度的约束下，行动者可以通过它获得发展的稀缺资源总之，影响高校发展的非正式制度主观因素与高校网络关系客观因素是高校社会资源的一体两面，它们共同构成了高校社会资源的基本内涵。

（四）本书对高校社会资源的界定

现有文献中有关探讨高校社会资源概念的研究较为缺乏，目前国内唯一对"高校社会资源"概念做出过界定的是南京师范大学的胡晓钦博士。他以"功能观"的视角对"高校社会资源"作出了界定。由于传统的"功能主义"研究视角面临着许多困境，所以对社会资源的研究正转向"结构主义"的研究视角。结构主义的研究视角伴生于社会网络观的发展，即认为社会系统是一种依赖性的联系网络，社会成员按照联系点有差别地占有稀缺资源和结构性地分配这些资源，其特征是强调按照行为的结构性限制而不是行为者的内驱力来解释行为。由于社会网络观可以解决"功能主义"研究视角下对"社会资源"定义同义反复、自相矛盾、无法测度的问题。因此，本书采用"社会网络结构"的视角对"高校社会资源"作出界定。

高校社会资源作为社会资源的一种形式，是指具有特定历史文化背景的高校，其内部成员及高校与外部对象在长期交往中形成的，以信任、互惠、规范与合作为主要特征的一系列互动网络关系。高校社会资源强调高校作为国家和社会不可或缺的一类组织部门，不是孤立的行动个体，而是与政治、经济、文化等领域有着密切联系的网上之结。高校能够通过这些网络关系获取自身发展所必需的资源。高校社会资源作为一种组织社会资源并不是高校中所有教职员工个人社会资源的简单相加。虽然在一定条件下，高校社会资源有相当一部分来自个人，也就是说，个人层次的社会资源可以转变为组织层次的社会资源。当个人社会资源能够被其所在高校利用时，才会成为高校的社会资源。

高校社会资源包括高校外部社会资源和高校内部社会资源。高校外部社会资源是指高校在与外部联系时所产生的社会网络关系，它包括高校的纵向网络关系和横向网络关系。高校的纵向网络关系，主要是指高校与上级政府部门（特别是上级教育行政主管部门）之间的关系。横向网络关系，是指高校与不存在直接或间接隶属关系的组织和个人之间的关系，包括与其他高校、科研院所、校友等之间的关系。高校外部社会资源在很大程度上影响着高校自身获取各种稀缺资源的能力，影响着高校能否获得更多的办学自主权和发展机会。这些稀缺资源既可以是资金，也可以是科研项目，还可以是发展信息、人力资源等。具体到高校的实际情况，一般说来，高校从外部网络关系获取社会资源的能力高低取决于同省级教育行政主管部门之间的联系能力，如资金的划拨、科研项目的争取等。但是，高校与其他学校和机构、组织以及个人之间的联系亦不容忽视。

高校内部社会资源主要是指那些有利于高校行政人员、教师、学生、各管理部门以及各院（系、所）之间相互交流与合作，有利于高校和谐发展，有利于增强其内部凝聚力和向心力的网络关系。基于高校内部组织的复杂性，高校内部社会资源也表现为不同的方面。具体来说，它包括高校领导之间的网络关系、高校领导与学院以及管理部门之间的网络关系、管理部门与学院之间的网络关系、管理部门之间的网络关系、学院之间的网络关系、教师之间的网络关系、教师与学生之间的网络关系、学院以及各管理部门内部人员的网络关系等不同形式。高校从内部网络获取的社会资源主要是以具有凝聚力和向心力的校园精神文化展现出来，它是一所高校健康发展的宝贵无形资产。内部社会资源丰富往往会有助于高校外部社会资源的积累。而丰富的外部社会资源反过来也会促进高校内部社会资源的提升。

高校内部社会资源和外部社会资源之间一般会形成良性的互动，从而形成内外交错、协调发展的高校社会资源。社会资源存在于双方或多方行为者互动的网络之中，一旦形成社会资源就不仅仅是一个人拥有和使用它，而是整个高校都在使用它。反之亦然，高校社会资源也不属于私人物品的范畴，高校内部社会资源存在于高校内部网络成员之间，高校外部社会资源存在于高校与外部互动的主体之间。

二、高校社会资源的特征

（一）高深知识性

相对于其他组织机构的社会资源，高校社会资源具有自身的特性——高深知识性。无论是高校内外部的关系网络，还是关涉高校的非正式制度，以高深知识为媒介生发而成是高校社会资源的重要特征。与高校社会资源不同，家庭的社会资源一般是以亲情、血缘、地缘等为主要媒介联系而成的；企业的社会资源一般是以业缘、金钱等为主要媒介联系而成的。产出性高校社会资源可以生产出或转换成其他形式的高校资源。高校可以不断扩大网络关系，从而吸引外部企事业单位、校友、捐赠机构等资金注入合作开发、无偿捐赠等，进而增加高校物质资源的总量。高校可以在长期发展中积淀出有利于教师、学生、管理人员之间的相互信任、相互合作的行为规范或文化传统，从而提高高校人力资源的使用效率等。没有高校社会资源，高校中的其他形式的资源（如物质资源、人力资源等）就很容易流失或者被浪费。高校社会资源的积累并不必然需要消耗高校中现存的、稀缺的物质资源，其存量可以通过使用而不断积累起来，并且不会因使用而减少。相反，如果高校社会资源长期不用，则可能枯竭。但是，高校社会资源在为高校带来"收益"的同时也需要支付"成本"。这种成本不一定是物质资源，它也可以是由高校提供智力支持、赋予对方声誉等。

（二）无形性

社会资源积累起来的资源是一种无形的资源。诺贝尔经济学奖得主加里·贝克尔曾经对社会资源有过很好的描述，他将社会资源的概念概括为一种非货币形式的货币价值。也就是说，社会资源不可以用货币作为度量单位，它具有不易度量性。社会资源不同于物质资源，物质资源可以通过相关的客观指标量化为某种货币形式的货币价值。社会资源也不同于人力资源，尽管人力资源并非货币形式的货币价值，但它是一种体力、脑力的投入，可以通过相关的客观指标来度量，而社会资源则是无形的、不可度量的。同样，高校物质资源（如教室、实验室、仪器设备等）是有形的。高校人力资源集中反映在高校中以人为载体的知识、信息、技能等方面，其中部分是有形的，部分是无形的。但是，高校社会资源却是高校的一种无形资源，是一种能够感觉、感知，却又看不见、摸不着的资源。

（三）历史性

社会资源在宏观上表现为，它是社会关系系统的实现，与人类历史的发展同步。社会资源形式的发展推动了人类社会历史的进步。正如社会形态的发展是一个自然历史过程一样，社会资源的发展也是一个自然历史过程。高校社会资源是与高校发展同步的，它推动着高校的演进和变革。自中世纪大学产生伊始，高校社会资源就在高校的发展中发挥着重要作用。时值当下，虽几经演变，但是高校社会资源仍然是高校的一种重要资源形式。

（四）公共性

高校社会资源具有公共物品的性质。物质资源可以分为公共财物和私人财物两部分；公共财物具有公共物品性质，如国有企业资产、公共设施等；私人财物则更多地具有私人物品性质，一般而言是不能够共享的。人力资源则属于私人拥有的范畴，一个人的学识、智力、文凭等是不能够多人拥有的。换句话说，人力资源与其拥有的主体之间是不可分割的。较之于物质资源、人力资源，社会资源不属于私人物品的范畴。社会资源存在于行动者双方或多方互动的网络关系之中，一旦形成社会资源就不仅仅是一个人拥有和使用它。同样，高校社会资源也不属于私人物品的范畴，高校内部的社会资源存在于高校内部网络成员之间，高校外部的社会资源存在于高校与外部互动的关系之间。非均衡性主要是指每个行动者在不同时间、不同空间位置上所拥有的社会资源存量不同。由于行动者之间存在着这种现在的差异性，使得每个行动者的社会行动所受到的制约不同。那些长期居于资源中心的行动者相对于居于边缘的行动者来说拥有较多的社会资源优势。事实上，高校社会资源亦具有这种非均衡性。就不同历史时期而言，一所高校在不同的历史时期拥有不同的社会资源总量。就同一时期的不同高校而言，每所高校拥有的社会资源总量也各有差异。

总之，社会资源是高校社会资源的上位概念，为分析高校社会资源的内涵，应该首先澄清什么是社会资源。因此，本章首先对社会资源这一概念的相关界定进行了梳理，面对国内外学者的众多概念界定，试图分析出社会资源应该具有的基本要素。同时，从关于"社会"一词的辞源学考察，分析出社会资源这一概念中"社会"一词的应有内涵。在此基础上，我们提出了社会资源的概念，即"所谓社会资源，是指个人或组织在道德规范、价值信念、习俗惯例等非正式制度的影响和制约下，通过长期交往、合作互惠，进而在形成的一系列互动的网络关系基础上积累起来的资源总和。它在客观层面上表现为关系网络因素，在主观层面上表现为'钻合'关系网络的非正式制度的文化因素，诸如伦理规范、价值信念、风俗惯例、道德观念等"。在总结出社会资源概念的基础上，本章明确了高校社会资源的内涵、特点。所谓高校社会资源，是指高校在意识形态、道德规范、价值理念、习俗惯例等非正式制度的影响和制约下，通过长期发展，内外部交往，合作互惠，进而在形成的一系列互动的网络关系基础上积累起来的资源总和。非正式制度是构成高校社会资源的主观因素，是高校社会资源的灵魂。高校网络关系是构成高校社会资源的客观因素，是高校社会资源的躯体。较之于高校资源的其他形式以及其他组织机构的社会资源，高校社会资源具有高深知识性、公共性、产出性、无形性、非均衡性和历史性。笔者认为，高校社会资源是与高校的发展同步进行的。为了更加清晰地认识高校社会资源，在接下来的两章中，笔者将以客观因素的网络关系视角与主观因素的非正式制度视角，论述高校社会资源的中西方历史发展演变进程。从价值中立的角度而言，无论是非正式制度，还是非正式制度制约下的高校网络关系，都存在着正、负两个方面的效应。但这并不影响高校社会资源的资源性质。正如福山所言："物质资源也可能以攻击性枪支或庸俗娱乐节目的形式存在，而人力资源则可能被用来设计折磨人的新方式。"需要指出的是，本书将把侧重点放在高校社会资源的正面作用上。

三、高校社会资源的演进

（一）欧美高校社会资源的演进

1. 中世纪时期的高校社会资源

在中世纪，不同大学所产生的主要原因亦不尽相同。学者们研究发现，其产生基础主要有三个：其一，在专业教育基础之上建立起来的专业高等教育。如意大利的萨莱诺大学，其前身就是中世纪初建立的一所医学学校。其二，在修道院学校或大教堂学校基础上发展而成的专业高等教育。如巴黎大学是在巴黎圣母院的附属神学院基础上建立的，由当时著名的经院哲学家阿贝拉尔创办的。其三，在沸腾的时代需求下，产生出来的专业高等教育。如波隆那大学就是由于法学成了当时意大利波隆那地区的时代需求，而催生出来的高等教育研究机构。但是，从社会资源的视角来审视中世纪大学的缘起，不同的大学却又存在着诸多共通之处。

（1）中世纪大学产生于社团网络。中世纪大学产生于社团网络，可以从"大学"一词的辞源学分析中看出。美国历史学家格莱夫斯曾言，中世纪的大学从历史源流来看，其性质实与"行社"相似。这可见之于它完全的名称之中——"教师与学生之会社"。[1]事实上，由学者社团演变为拥有特权机构的大学一词早在 12 世纪就已经出现，它除具有"学习"的意蕴外，还具有"学校"等教育机构的含义。这是经由教皇或世俗皇权认可、拥有特权的高等教育机构。这些权力包括，该机构一经得到最高权力机构的身份认同，其教师和学生均可受到直接的庇护经最高权力机构承认的大学所授予的学位头衔普遍有效，这意味

---

〔1〕〔美〕格莱夫斯：《中世教育史》，吴康译，华东师范大学出版社 2005 年版，第 56 页。

着大学所授予的授课准许证是普遍承认的证书，即"教授通行权"。以上特权超越城镇、郊区、国家等地域的限制而普遍通行。相对而言，教会或世俗学校、私立法律学校等便没有这些特权。在社会地位、外界影响、声誉声望等方面均不如社团。

在12世纪早期，社团一词很少被使用，只是到了12世纪中期才开始流行。换句话说，巴黎大学、波隆那大学等早期大学在得到教皇或世俗皇帝的特许状之前已经具备了大学组织的一些结构特征，在得到教会或世俗最高权力机关特别许可前就已经是类似于行会组织的学者社团。进一步而言，是教会或世俗权力机构对该习惯性行会组织的制度化认可。在欧洲并无强有力的中央统治政府之时，各行业人员为了本行业的利益，保护从业人员之安全及贸易之顺利进行等，乃有了自保性的组织。这种自保性的组织称之为行会。事实上，一些早期大学作为行会组织，在成为高等教育机构之前就已经拥有了部分特权。

以波隆那大学为例，皇帝弗列德力克一世下了一道旨谕："吾人本其忠敬之心，许此等特权于所有为学问而游历之学生，尤以对神道及神圣法律之诸教授为最。此即谓彼等可以安然前往，各种学问日夜进行不息之区，而毫无阻碍，不独彼等自身，及其信使往来亦得同此权利，并得安然寓居其地，保无危险……吾人以此普通及务垂久远之法例宣言今后无论何人不得如此急躁加害于学生，或执其从前所犯之罪而迫之罚款犯者须以四倍之罚偿还原主……如有人敢公然控告学生，无论其所据理由如何，终必归于失败……如原告又图与此学生赴其他裁官之所，则虽其理甚至，亦必败诉，盖以其居心不良而失之故也。"后来，这个常例的条文，为其他各国皇帝纷纷效仿。然而，波隆那大学直到近年才收到教皇赋予他们的高等教育机构正式身份。[1]

再以巴黎大学为例，1200 年后，一些著名教师在巴黎大学从事教学活动，从而吸引了越来越多来此求学的学生。随着师生数量的增加，他们决定根据惯例建立行会以保护他们彼此的利益。行会大约成立在 1203 年，在 1204 年，获得了当局的司法豁免权。1205 年获得了结盟权和罢课权等。然而，巴黎大学直到 1261 年才获得教皇赋予他们的高等教育机构正式身份。

概言之，高等教育机构直接源于行会组织。该行会组织在成为正式的高等教育机构之前，通过网络关系互动，已经拥有了部分特权。进言之，作为中世纪大学的教育机构是社团网络的制度化发展，它产生于中世纪学者自发形成的网络关系之中。

（2）教师学生组成的社团。在中世纪尤其是在 12 世纪，文本中最为常见的词汇是"universtash"，对于中世纪的法理学家而言，这一经典拉丁语具有"全部"或"整体"之意，用来表述诸如行会、商业团体、协会等所有类型的社团。因此，如果详细表述一个具体的行会，则需根据该行会所从事的职业加以界定。例如，假设行会从事的是教育教学活动，那么就可称之为"学生行会"或"教师学生行会"。巴黎大学成立行会组织时，就称为吧州。后来，人们开始用作为的同义词，而后逐步彰显，再后来逐渐被遗弃而不用。最终，拉丁文被英文化，行会组织也就演变为大学机构。中世纪大学有两种类型：一种是以波隆那大学为代表的"学生大学"；另一种是以巴黎大学为代表的"先生大学"。波隆那大学的学生年龄较长，具有很强的独立性，所以大学的一切行政全由他们掌管。教师由他们推选，

---

[1] 贺国庆等：《外国高等教育史》，人民教育出版社 2003 年版，第 102 页。

学费的数目、学期的长短和开课的时间都由他们决定。巴黎大学的学生年龄较轻，所以一切行政事务都被控制在教师之手。两所大学的管理模式都是按惯例自然形成的，后来诸多大学仿效他们的管理模式兴建而成，所以学者们常将它们称之为"母大学"。大致说来，凡兴于意大利、西班牙和葡萄牙的诸大学，均是模仿波隆那大学的，而发展于英格兰、苏格兰、日耳曼、瑞典和丹麦各处的大学则是仿照巴黎大学建立的。这些"子大学"有些是从"母大学"直接分裂而出的，有些则是通过"母大学"的影响而创立的。譬如，英国的牛津大学就是由巴黎大学分离而出的，而剑桥大学则是从牛津大学分离出来的，德国皇帝弗列德力克二世在意大利的那波里创立了中世纪第一所王权控制的大学——那普勒斯大学。事实上，这一大学的创建主要得益于波隆那大学教师的帮助。所以，从"子大学"的生成来看，它们虽然不是产生于社团组织，但是与"母大学"有着千丝万缕的联系。换言之，正是巴黎大学、波隆那大学等网络组织的扩展或影响才为它们的形成或创建奠定了坚实的基础。几乎所有的中世纪大学都根据教师和学生所在的特定学科细分为不同的学术团体，有的译为教授会、学部、学科或院系。传统的学术团体有文科、神学、法学和医学。但是，除此之外也还有一些别的学术团体。譬如，在图卢兹大学，除了文科学术团体外，还存在语法学的学术团体。"faculty"一词是由教师团体逐渐演进而来的，起初仅是由个人组成的庞杂社团，并不考虑教师所在的具体专业。随后，这种庞杂的社团逐渐被划分为不同的限制性更强的学术团体，它们的划分基础是围绕着特定研究的兴趣共同体而展开的。显然，神学教师的观念和兴趣不同于医学或法学的教师。经过一段时间的发展，这些所有限制的群体均渐渐趋于稳定，并且在整个群体当中获得了越来越多的自主性，院系就这么形成了。由此看来，大学机构内部的院系产生，亦来源于网络组织的不断演进。综上所述，每一个中世纪大学在创建伊始都是由一群人组成的集合网络。大学虽然以传授高深知识为己任，但是它直接来源于人的聚合，而不是讲授科目的集合。教师之间的连带关系要远远高于他们所讲授的科目之间的连带关系，后者只是最终从前者派生出来的。换句话说，是人与人之间的一种联合，导致了研究与研究之间的联合。学者们为了保护他们自身的利益，组成了社团网络。正是这种客观化构成才导致了各学问分支领域的联合。而这种网络联合，无论是对中世纪大学而言，还是对当下的大学而言，都是真正的价值功能所在。简言之，中世纪大学产生于由学者组成的社团网络，这种社团网络是以高深知识为媒介的。

（3）中世纪大学的内部网络关系。中世纪大学种类繁多，大学内部组织多样，因此各大学内部的管理亦不尽相同。就组成人员而言，一般主要有管理者、教师和学生。就内部组织而言，一般设有教授会、同乡会和学院。中世纪大学的内部管理比较松散，不似今日之大学这般科层严密。最初教会代表是大学社团的首脑，由他来管理教师和学生。教会在大学中的势力是不可小觑的，教会派驻的大学代表被称为教长。现今某些欧美大学的校长仍被称为教长。可见他就是实际掌握大学行政权力的人。但是，当巴黎大学的教长与教授会发生争执时，教皇大多会站在教授会一边，因此教长的权力大大受到限制，最终只剩下授予教师证书权。而这种授予，是在教授会审核通过后，教长又必须履行的。教皇甘心贬低自己所派的教会代表在大学行政上的实权，目的在于更便利地控制大学，而大学教授也情愿依附于教皇，因为教皇远在天边，鞭长莫及，但教长却近在眼前，他的实际权力远远大于教皇。有的大学（如牛津大学等）

的教会代表本身就是大学的神学教授，因此教长与大学其他成员之间关系融洽，内部冲突较少。那普勒斯大学是由德皇创办的一所国家大学，因此它完全服膺于皇权。大学的管辖权不属于大学校长，而是属于政府官员。但是，在行使权力时，必须由学生推选三位助理辅佐实施。应当说，这样会在很大程度上限制政府官员的权力。由此可以看出，无论是教会还是世俗权力，对大学的内部管理的威胁都是有限的。总之，中世纪大学（无论是学生大学还是先生大学）通过网络关系的运作，获得了学者自己管理自己事务的自治权，为大学的发展争得了较为广阔的空间。中世纪大学的教师和学生为了保护自身利益也分别组织成不同的团体。教师根据研究兴趣的不同，以专业为核心组织成了不同的教授会。每个教授会推选出一位资深教授作为院长。巴黎大学的文学院教授为其他学院教授数量的三倍，文学院的教授势力也最大，他们所推选出的院长在大学的行政上也具有举足轻重的地位。巴黎大学的文学院院长称为会长，教会命令所有学生团体都应遵守其规定。三年以后，法、医两学院承认大学校长。大学校长主持大学会议，但各学院仍享有独立自主权，校长无权支配各学院。波隆那大学及其"子大学"只有一个学科，情况有所不同，学生按地域被划分为两个同乡会。波隆那籍的学生并不归属其中，因为他们是本土人士，无须同乡会的保护。在波隆那，教师们也有自己独特的团体组织。后来，随着大学的不断发展，各大学也纷纷建起了自己的教授会和同乡会。波隆那大学、萨莱诺大学由单学科大学发展为多学科大学，教授会也随之增多。巴黎大学也成立了4个同乡会，即法国同乡会、诺曼底同乡会、皮卡德同乡会和英国同乡会。牛津大学则建立了北方同乡会和南方同乡会等。大学中的同乡会不仅拥有各自的标志、行为规则、经费来源等，而且他们还推选代表参与大学管理。各同乡会代表组成大学委员会，共同参与大学的管理工作。诸多教授会和同乡会的建立在一定程度上保护了师生的个人权益，同时也使大学充满着纷争。不同学科之间、不同地域之间、宗教与世俗之间争论不断。但是，正是各式各样信念与情感之间的喧嚣混战为大学激发了生命活力，这比接下来几个世纪典型的那种只不过是表面上的人为平静要好得多。

中世纪大学教师与学生关系密切。中世纪大学师生的关系直接源于师徒制度，也就是师父与学徒之间的关系，因此大学教授对学生享有"父权"，师生关系非常密切。以牛津大学、剑桥大学的导师制为例，学生入学后，学院会委派一名导师辅导学生课程，一般每周辅导一次，地点不定，可以在导师家中，也可以在附近的咖啡馆中，气氛融洽。在学生看来，牛津大学的导师制就是导师召集几名学生聚合在一起，向他们"喷烟"，一个被烟雾熏透的学生就能说优雅的英语，其优雅的风格是用其他方法学不到的。导师制密切了教师与学生之间的关系，使教书育人润于无声之中，为后世大学纷纷效仿。弗莱克斯纳曾言，牛津大学和剑桥大学在学生与导师之间确立的人际关系，尽管可能存在种种个人的局限性，却是世界上最有效的教学关系。课堂教学的稀少，师生间每周的面谈，有时延伸至漫长假期的非正式的关系，促使学生独立自主，也使他们直接受到教师的影响。[1]此外，中世纪大学教师与学生关系之密切还可以从学院寄宿制中反映出来。学院原为外地大学生居住之所，也是他们接受补习或复习"额外课程"的地方。相对于走读生或旅居的学生，学院内的学生享有诸多便利，因为每所学院都设

---

〔1〕　〔美〕亚伯拉罕·弗莱克斯纳：《现代大学论——美英德大学研究》，徐辉、陈晓菲译，浙江教育出版社2001年版，第89页。

有居住的辅助教师。辅助教师均为教授，是独身的，他们必须和自己的学生一起听课，回答学生提出的问题，并且和学生们一起学习一些由权威学者选定的逻辑、文法或数学方面的经典书籍。一起居住，一起做练习，既方便指导，效果也更好，同时也密切了师生之间的关系。另外，学院有财力提供诸如图书馆等教学资源，这是个人或私人会馆所力所不及的。基于这些便利，那些富裕或有闲得学生会自掏腰包付膳宿费用，以求准许进入学院。由此，学院规模不断扩大，设施不断健全，一般设有餐厅、寓所、厨房、演讲厅、图书馆、礼堂等。后来，正式课程也在进行，遂成独立单位。一言以蔽之，无论就导师制来说，还是就学院寄宿制而言，中世纪大学师生之间的关系都是密切的。

（4）中世纪大学的外部网络关系。中世纪大学与宗教组织存在着既独立又依附的双重关系。一方面，中世纪大学独立于宗教组织。以巴黎大学为例，有人说，巴黎大学应该是一个纯粹的教会团体。但是，巴黎大学具体的形成方式本身几乎不能支持这种看法。实际上，它是在宗教势力范围之外形成的。只有当学校开始建造在教堂辖地之外时巴黎大学才有可能形成。巴黎大学的思想倾向从根本上说不是教会型的，有一大批教外人士任教于此，且可讲授神学以外的其他任何学科。神学在整个大学里所占的分量非常小，曾经一度只有八位神学教师。更有甚者，只有一门学问分支，不允许任何教士涉足。另有两门分支，其中一门是整个大学里地位最重要的，不允许修院修士涉足，那就是法律和医学。教师们在请愿时，必须起誓不让任何宗教性的成分介入任何考试。另一方面，中世纪大学又依附于宗教组织。在中世纪欧洲，教会以及属于教会的任何一名成员，不管具体地位如何，都享有某些重要的特权。任何人只要身处教会之中，只要甘居神仆，无论他是否位列神班，都将免于世俗司法，只能接受教会法庭的审判。因此，无论是教师还是学生，为了他们共同的既得利益，谁也不想彻底断绝把他们和教会维系在一起的种种纽带。况且，罗马教廷和教皇距离他们遥远，臣服的状态也不那么严格，因此并不会对他们的自由造成大的妨碍。由此不难看出，正是大学与教会这种既依附又独立的双重关系，为大学的发展带来了诸多利益：一方面可以获得许多特权；另一方面又可以保留充分的发展空间。中世纪大学与世俗机构存在着互利互惠的双向需求关系。一方面，世俗权力需要大学。大学组织作为知识权威的代表，不但可以为世俗权力培养官吏、律师、医生等各种专门人才，而且它们还会为王国带来财富和名声。此外，世俗权力还可以利用大学与宗教权威抗衡，提升自身的政治地位。起初，世俗统治者希望像对自己领土上的居民一样，对本地域内的大学实施管制。但是，由于中世纪大学使用当时通行的语言——拉丁语，加之大学的教学设施极少，因此便于流动。当世俗权力与大学发生冲突时，大学极易采取的措施就是罢课和迁校。为避免大学迁入他国，国王或皇帝不得不承认大学的独立地位并赋予大学若干特权。以巴黎大学为例，有一年巴黎大学学生曾与警察发生冲突，许多学生受到伤害甚至被杀死，巴黎大学奋起反抗，大部分师生撤往奥尔良。斗争持续达三年之久，期间在巴黎几乎没有开设任何课程。后来，法国国王路易九世不得不承认大学的独立地位，给予大学特权。另一方面，大学也需要世俗权力。大学不是空中之物，它必须在特定的地域内兴起，并与世俗权力发生关系。大学初建之时，学者与城市居民的关系并不和谐，他们在政治、经济、文化等方面经常发生摩擦。有时，争斗会演变为械斗，发生流血冲突。当时所谓的"城镇与学袍之争"

就反映了城市居民与大学之间的矛盾关系。大学往往通过两种途径来解决这一矛盾关系：一是迁居别处；二是依靠世俗权力的保护。随着大学的不断发展、大学设施的日益健全，迁居别处无疑会为大学带来沉重的经济损失。因此，依靠世俗权力的保护愈显重要。当然，这也是大学逐步走向民族化、国家化的一个重要因素。总之，在中世纪，大学能够在宗教组织和世俗权力之间游刃有余，并与宗教组织、世俗权力产生三方制衡的关系，一方面得益于它内部的团结和学者们信念的坚定，另一方面得益于它的国际性和流动性。大学社团组织的内部虽然在学科之间、地域之间、信仰之间存在着诸多矛盾和分歧，但是当与外部发生冲突时，为了团体利益，他们会团结对外。人员组成的国际性、学术话语的国际性、组织团体的独立性和易流动性、外部关系相互的制衡性等，无疑为他们的对外抗争增添了讨价还价的资源。总而言之，这种从网络关系中获取的资源形式在一定意义上促成了中世纪大学的形成和发展。

（5）影响中世纪大学崛起的非正式制度。正如美国历史学家查尔斯·霍默·哈斯金斯所言，中世纪的巴黎存在着重要的教师和学生团体，也有着朝气蓬勃的知识生活，然而却极少见到正规的大学制度的证据。在12世纪前，我们甚至找不到"大学"一词。巴黎大学正如所有古老的大学一样，不是创立的，而是发展起来的。换言之，中世纪大学的产生，不是依靠正式制度的运作，而是依靠非正式制度的影响自发形成的。

综上所述，非正式制度在中世纪大学的产生和发展中发挥了关键作用，它影响到各大学内外部网络关系的运作方式。但是不能否认，中世纪大学正式制度的缺失为大学的发展带来了诸多困境乃至骚乱。以学生为例，由于他们的背景、年龄、身份悬殊较大，在没有正式制度制约的情况下，学生们"认真求学者少，多数人却睡觉、赌博、狂饮，玩骰子比研究逻辑更有兴趣。牛津常有带武器的学生夜半漫游市街，攻击所有路过的人；罗马学生则经常犯有杀人及抢掠罪；莱比锡学生则因丢石头于教授身上而受罚……"另外，同乡会之间往往不和，师生联合彼此对抗、争斗不断。大学与地方市民之间也时常冲突，流血事件不断发生。这些困境与骚乱不是仅仅依靠非正式制度便能够调节的。

2. 15 世纪至 18 世纪时期的高校社会资源

15 世纪至 18 世纪是欧洲思想变革和社会变革激荡的时代。文艺复兴、宗教改革、启蒙运动等相继发生；人文主义与神本主义、宗教内部各教派、教权与王权、封建主义与新兴文化主义等冲突不断；宗教裁判、王权镇压、民族纠纷、国家战争此起彼伏。伴随急剧的变革，宗教统一管辖下的欧洲世界分崩离析，民族国家纷纷独立，世俗权力在与教会权力的争战中逐步抢占上风并最终获得霸权。处于风雨飘摇中的传统大学，宛如航行在波涛汹涌的大海上的一叶小舟，时左时右、时起时伏，时而被推向矛盾斗争的核心，时而被抛弃在生存的边缘。大学面对急剧变革的社会显得无所适从，它遭遇到了自产生以来最为严峻的时期。

（1）传统大学在社会网络中的边缘化。纵观 15 世纪至 18 世纪的欧洲大学发展史，可以看出，除宗教改革以外，大学在思想变革运动中一直处于被动、防守、抵制的状态。虽然大学引领了宗教改革运动，但是由于引发了政局动荡、教派纷争，大学在自身受到前所未有打击的同时也遭到了世人的抨击。伴随手工工厂的发展和资产阶级力量的壮大，欧洲于 15 世纪爆发了反封建专制、反教权主义的启蒙运动。启蒙运动最初源于 15 世纪的英国，在 17 世纪的法国发展到高潮并迅速波及欧美乃至亚洲国家。与这次波澜壮阔的思想运动形成强大反差的是，欧洲的大学由于思想上日趋保守、功能上愈渐衰竭，在这一时期普遍遭遇困境。在英国，大学入学人数迅速下滑，并且一直持续到18世纪初期。在1680年至1690年这十年间，牛津大学和剑桥大学每年平均的入学人数分别为321人和294人，每年平均的入学人数分别下降了303人和208人。18世纪的情况更为严峻，在大部分的年份中，牛津大学的年入学人数均低于300人，其中最少时仅仅有182人。同样，1730年以后剑桥大学每年的入学人数也不足200人。牛津大学、剑桥大学的大部分教师并不关注现代科学，虽然牛顿、哈佛、布拉德利等科学家曾为了自身生计偶尔在大学工作，但是这些科学家并未得到大学管理者的支持，并且对大学的教学几乎不产生任何影响。严格来说，是新兴的学院而不是大学促成了英国的工业革命。在法国，启蒙运动于18世纪发展到高潮，但是大学却极其保守，一直处于沉闷、反动和愚昧之中。美国历史学家格肖伊称当时法国的大学为"无知的堡垒"。这些大学始终处于反动的宗教组织禁锢和波旁王朝的严密监视之下。他们将孟德斯鸠的《论法的精神》、卢梭的《爱弥尔》等视为"颠覆性"的书籍而予以禁止。巴黎的科学实验中心——法兰西学院——几乎与巴黎大学以及法国其他大学没有任何联系。1791年法国大革命时期，巴黎大学由于政治反动、学术保守、组织封闭、管理僵化而被国民议会和省政府强行关闭。1793年，法国的其他传统大学也相继被关闭。此外，在启蒙运动期间，许多引领社会变革的著名人士（如伏尔泰、狄德罗、休谟、吉本、孟德斯鸠、卢梭等）都不是大学教师。大学在启蒙运动中一直处于沉默状态。换言之，启蒙运动时期的大学成了当时社会发展的"边缘人"。

（2）传统大学内部管理的僵化与内部关系的激化。一般来说，15 世纪至 18 世纪大学的基本结构，较之于中世纪大学并没有发生根本改变。大学的两种基本类型——"先生大学"和"学生大学"——依然存在。大学中的术语、仪式以及职位经过几个世纪几乎没有发生多大变化。但是，这并不意味着传统大学没有受到社会变革的冲击。伴随着大学的"国家化"或"区域化"的发展趋势，大学内"同乡会"的作用日益削减，许多"同乡会"被强行取缔。由"同乡会"选举学长、聘任教师或司法权等特权被逐步剥夺，取而代之的是由国家或地方政府任命管理人员。传统大学的自由气氛已成过往云烟，内部的网络关系也日益僵化。传统大学无视外部思想的发展变革，古典学科和经院哲学始终在课程中占据着主导地位。如果说经院哲学在中世纪时期曾经导致大学的缘起，那么在 15 世纪至 18 世纪，其僵化的趋势已经成为大学内部网络关系发展的羁绊。宗教改革家路德认为，经院式的教育使学校像地狱、教室如囚室、教师好比暴君和狱吏。由于只推行拉丁文法的研究，加上教法不当，致使学生浪费了二十多年的光阴，只不过教出一批"驴子或呆头呆脑的笨瓜"而已。虽然大学迫于外界压力，先后设置了一些新兴学科，但是由于教学大纲不改变，这些学科也很难被纳入学生的学习计划。此外，大学对新兴学科的管理极其松散，不少学科形同虚设。1764 年被任命为剑桥大学化学教授的沃森尽管在 15 个月的时间里开设了化学课程，但是据考证，他对化学一无所知，从未阅读过该门课程的只言片语，更未做过任何实验。更令人难以置信的是，教师经常转换自己的教学领域且跨度极大。譬如，格利森在 1625 年成为剑桥大学的希腊语讲师，而在 1636 年又被王室钦定为解剖学教授，沃森则在 1771 年用剑桥大学化学讲座教授职位交换钦定神学讲座教授职位，并占据此位长达 34 年。由此可以看出，当时的大学管理不仅是极其松散的，而且还是混乱的、无序的。僵化和混乱的教育和教学导致了学生对大学及其教师的不信任。15 世纪至 18 世纪，学生的境遇每况愈下。伴随世俗机构对大学宗教财产的没收，那些依靠宗教资助且居住于修道院的贫困学生逐渐消失。大学的贫困大学生交流逐渐停止，大学内的活力也逐步丧失，大学内的师生交往、同学交往越来越被金钱和地位割裂开来。

（3）民族高等教育机构的建立与大学国际化的消解。如果社会不能从原有机构中获得它所需要的东西，它将导致其他机构的产生。从以上分析可以看出，传统大学日益僵化保守，逐步丧失了它们的社会功用。故而，各民族国家或建立新型的高等教育机构取而代之或将传统大学改造，使之成为"民族化"或"国家化"大学。在宗教改革时期，马丁·路德在反对经院主义和神学时就曾流露出对传统大学的不满。但是他们认识到，学校和大学是新教教义传播的重要工具，因此路德派极力建议世俗政府建立新的高等教育机构，而且其他教派也意识到不能落后，大学随之普遍发展起来。新大学遍布 16 世纪的整个欧洲。德国新建了 9 所大学，其中路德教派建立了马堡大学、耶拿大学和柯尼斯堡大学等，还对维滕贝格、蒂宾根、莱比锡、法兰克福、格赖夫斯瓦尔德、罗斯托克、海德堡等原有的大学进行了彻底的变革。天主教会建立了维尔茨堡和格拉茨大学。在西班牙，新建了 2 所大学。在瑞士，茨温利组建了苏黎世大学，加尔文教派则于 1559 年至 1563 年建立了日内瓦大学。荷兰创建了弗兰克大学和莱顿大学。在不列颠群岛，英国新创了爱丁堡大学和都柏林大学。在 1501 年到 1800 年期间，各教派在神圣罗马帝国包括瑞士和荷兰以及整个东欧地区共创建了高等教育机构 158 所。新大学的兴起，既是传统大学衰败的重要标志，也是高等教育对社会变革做出的积极反应。在英国，私立学院综合了文法学校和大学教育的功能，它们为那些被排斥在牛津和剑桥大学之外的非国教徒提供了接受高等教育的场所。学院在很大程度上推动了英语语言和文学、现代历史和政治研究的发展。学院鼓励学生深入思考、广泛阅读、自由辩论，这与传统大学的保守和僵化形成了鲜明的对比。在法国，为弥补大学的不足，国家和有关团体先后建立了新型研究机构。进入18世纪后，一批高等专科学校在法国应运而生。炮兵学校、军事工程学校、造船学校、高等师范学校等"大学校"的成立标志着法国近代工程技术教育的开始，打破了数百年以来传统大学一统天下的局面，部分学校至今仍闻名于世。在德国，哈勒大学、哥廷根大学、埃郎根大学等大学的创办更是使德国的高等教育耳目一新。事实上，18世纪德国大学的成功革新为19世纪初期柏林大学的崛起奠定了准备工作。

大学国际化的消解。中世纪大学曾经以国际性而闻名于世。在15世纪至18世纪期间，传统大学的国际性逐渐丧失殆尽。首先，大学生的组成已经不再具有国际性。随着文艺复兴、宗教改革、启蒙运动等思想的不断冲击，大学逐步由教会机构演变为世俗机构。世俗政权不但要求大学教授和政府官员一样宣誓效忠于国家，而且学生也处于严格的监视之下。1559年，西班牙国王菲利浦二世规定，除到波隆那、纳普勒斯、罗马、康姆布拉大学外，禁止西班牙人到国外学习。艾略特认为，在这种强制措施下，16世纪中期的欧洲有多所大学从国际性机构转变为国内机构。其次，大学之间的交往和流动不再具有国际性。宗教各派之间的对立和冲突、民族国家之间的纠纷和战争以及伴随着基督教会在整个社会生活中地位的降低导致中世纪大学形成初期那种自由交往和流动的现象已不多见。此外，中世纪赋予大学的诸多特权被世俗政权剥夺殆尽。以巴黎大学为例，

1623 年国王查理七世撤销了它的税务特权，并迫使它为收复蒙特里奥尔而征收的"资助"提供资金。1624 年，巴黎大学的法律特权也被撤销，大学被置于议会的管制之下。路易十一迫使教师和学生中的勃艮第人宣誓效忠。最后，1625 年，巴黎大学失去了它的罢课权，并最终成为"国王的掌中之物"。可以想象，成为"国王的掌中之物"的巴黎大学谈何自由交往与流动。大学使用的语言不再具有国际性。虽然在 16 世纪末期之前，拉丁语仍然是各大学教学中的主要用语，但是可以肯定，经院哲学的拉丁语已濒临死亡，不再能为一门自身已僵化的学科充当表达手段。随着文艺复兴运动的发展和普及，希腊语、阿拉伯语、英语、德语等民族性语言已经进入大学课堂，拉丁语的作用逐步消退。最终，拉丁语逐步为各民族的语言取代，成了大学内部的主流话语。

综上所述，从网络关系视角来看，中世纪的传统大学处于社会网络的边缘，大学内部关系日益僵化和激化，大学的国际性逐渐消失。从非正式制度的视角来看，中世纪的传统大学遭受了严重影响，中世纪大学形成的学术自由、大学自治的理念丧失殆尽。总体而言，这个时期的高校社会资源明显处于"赤字"状态。但是，不能否认的是，许多传统大学在诸多困境中还是继续得以生存，并为社会变革做出了一定的贡献。其中，高校社会资源起着非常重要的作用。虽然说文艺复兴运动没有对传统大学造成根本影响，但是不少大学最终还是开设了一些人文主义课程。这些课程的开设，主要是通过大学内部著名学者的影响，进而得到其他人员的价值认同，不断渗透进大学的。譬如，在意大利，学者阿基洛普罗斯、卡里克图斯、拉斯卡瑞斯等，在大学中讲授古希腊语言和文学课程，就引起了意大利学生的极大兴趣。维罗纳和菲勒夫等著名学者的讲授吸引了来自欧洲各国的学生；意大利学者安德烈里尼曾成功地在巴黎大学开设古典文学讲座，并得到了巴黎大学教授卡吉恩的支持，两者由此结为挚友。虽然说宗教改革引起了世人对大学的抨击，但是宗教改革对社会发展的影响是不可磨灭的。德国传统大学是宗教改革的策源地，路德是宗教改革运动的旗手，但是宗教改革之所以能够在德国率先发起，主要得益于他的两位大学同事——布肯哈根和梅兰克吞。路德本人是神学家，富于理论但却没有实际推行教育普及的经验。如果没有善于组织工作的布肯哈根和梅兰克吞的推广，路德宗教改革将难行其事。19 世纪以后，大学的民族化、国家化趋势日益彰显，影响每个国家大学发展的网络关系及非正式制度存在很大差异。再如前面论述的高校社会资源的演进，几乎是不可能的。因此，在接下来论述高校社会资源演进时，我们将分别抽取柏林大学 15 世纪至 18世纪初期、哈佛大学 16 世纪初期以后为个案进行研究。之所以抽取柏林大学为个案，是因为它开启了现代大学发展的先河。柏林大学模式为德国其他大学普遍接受并对美、英、法乃至全世界的高等教育发展产生了深远的影响。柏林大学的建立使德国成了 15 世纪至 18 世纪初期世界高等教育发展的中心，它使德国大学享受到了崇高的声望，是世界大学发展史上具有"里程碑"意义的事件。之所以抽取哈佛大学为个案，是因为进入 18世纪以后，世界高等教育的中心开始移向美国，美国大学的发展已经成为世界高等教育发展的典型范例。哈佛大学作为美洲大陆创设最早的高等教育机构，对美国高等教育乃至全球高等教育的发展都具有举足轻重的作用。

   3. 19 世纪至 20 世纪初期的高校社会资源——以柏林大学为个案

   （1）大学为国家发展而设置。在 19 世纪初，大学的声望日趋没落。1807 年，普法《梯尔西特和约》签订后，普鲁士一半以上的领土被割让，哈勒大学被强行关闭，国家面临着发展危机。原哈勒大学校长、法学教授施玛茨带领教师代表团前往普鲁士东部小城麦莫尔拜谒主持政务的弗列德力克·威廉，请求在柏林重开他们的大学。在柏林大学创立后的长期发展中，为国家发展服务一直是其办学的宗旨，由政府直接任命的大学教授成了国家管理的一部分，教授们必须保证自己忠诚于国家，并使国家利益高于一切。

（2）大学资助来源于政府。虽然早在 19 世纪后期德意志各世俗政权便开始筹建或资助大学。但是直到 19 世纪，大学仍然没有被正式纳入联邦政府的财政预算，大多数大学的收入均来自土地和其他捐赠。大学教授主要靠"牧师的俸禄"和学费生活，而不是靠工资。甚至在教师俸禄制度取消后以及联邦开始资助大学之时，老的大学仍然主要依赖于各种捐赠。1809 年 7 月，在洪堡的要求下，国王将其弟弟亨利王子的豪华宫殿作为柏林大学的校舍，同时拨款作为新建大学的经费。稳定的国家投资吸引了一大批优秀的学者前往柏林大学，尤其是前哈佛大学的教师。1810 年柏林大学开学时，就有神学教授德韦特、马赫因克，哲学教授费希特，化学和技术学教授赫尔姆布施泰特，化学教授克拉普鲁斯，医学教授瑞尔，法学教授萨维尼，神学兼哲学教授施莱尔马赫，古典哲学教授沃尔夫等来该校任教。在 18 世纪，教授从事"第二职业"在德国是十分普遍的，因为当时教授的收入不足以维持生计，因此而影响正常工作的现象比比皆是。在柏林大学，教师的待遇得到了极大提高。1834 年，该大学正教授的实际收入包括工资、讲课费和其他收入，平均已达到 2336 塔勒。这在当时是相当可观的。随着柏林大学的发展，普鲁士政府不断增加对其的直接拨款，而且划拨的主要款项也从教师工资转向研讨班和研究所。从 1820 年到 1870 年的半个世纪内，柏林大学的总预算增加了 3 倍，其中教授的薪水增加不到 2 倍，而对研讨班和研究所的资助则增加了 10 倍之多。由此可见，在 19 世纪至 20 世纪初期政府对柏林大学资助的力度。

（3）大学非学术事务纳入政府管理。德国大学里的学术事务和其他事务的分工是由传统确定的。学术事务大多是由大学管理，经费预算、仪器设备和人员事务则由州政府负责处理。柏林大学的创始人洪堡信奉大学学者的自我实现和个人自由的理念。为此，他希望柏林大学能够有独立的收入，以保障其自治。然而，洪堡之后的教育部部长们并没有继承他的观点。舒克曼断然否定了柏林大学财政自治的理念，宣称绝不允许大学成为"国中之国"。另一位部长阿尔泰斯坦公然宣称，领取薪水的大学教授无权就政治事务发表个人观点。在洪堡之后的教育部部长的影响下，柏林大学的诸多事务归政府管理，这主要表现在以下两个方面：政府控制大学的人事权。诚如哈恩所言，19 世纪德国的大学是一种"自我管理"的机构，而非"自治"的机构。所谓"自我管理"也仅仅是大学内一小部分资历较深的正教授发挥着关键作用。大学内的其他人员在大学组织内是没有发言权的。正教授每年从他们的群体中推选出大学的管理者——校长、院长和大学评议会成员。但重要的是，教育部部长代表国家拥有更大的实际操纵权。1819 年以后，教育部部长向每所大学派驻代理人，并直接向其汇报。校长和院长没有教育部部长的批准，不得任职，大学的管理严格按照部长的指示行事，教授或副教授的任命、专业等级、晋升等均由部长决定。这种情况到了 20 世纪中后期更是有过之而无不及。政府对大学的直接参与，从柏林大学校长的更替中便可见一斑。在 1810 年到

1914 年第一次世界大战爆发的 104 年间里，柏林大学的校长更替频繁且极为规律。84 位校长，每届任期均为 1 年，且多次任职者均非连任。由此可以推断，如果不是政府插手管理，这种现象是不可能发生的。政府通过设立国家考试控制大学。19 世纪初，在洪堡的倡导下，德国设立了强制性的中学教师综合考试国家证书，规定只有通过国家学术考试的人才能获得担任教师的资格。学生完成中学全部课程后需要参加国家控制的大学入学考试，通过考试的学生有权进入国内的任何一所大学学习。虽然在柏林大学仅设有博士学位，但是大部分学生不是为获得该学位而来，而是经过几年的学习后可以成为公务员。所以，他们的目标是通过国家考试，因为这种国家组织的资格考试是到中学任教或获得公务员职位的必要条件。表面上看，这些考试制度与大学的事务管理并无直接的联系。但是，通过建立上述考试制度，国家可影响到大学的招生、培养、就业，进而影响到大学管理。

（4）柏林大学的外部网络关系。在 19 至 20 世纪初，柏林大学的发展与国家的发展已经紧密结合在一起。柏林大学已经摆脱了宗教与国家纷争的局面，从而融入国家网络。这时，大学与外部的关系发生了一系列变化。虽然融入国家网络，但就学术事务而言，大学的自治权限还是较大的。洪堡倡导的学术自由、教授治校之理念，在柏林大学的长期发展中得到了较好的贯彻执行。教授们之所以能够拥有充足的学术自由，主要得益于与政府建立的"利益商谈机制"。19 世纪初，法国的大学同样也融入了国家网络，但是像德国这样的"利益协商机制"在法国是不存在的。在洪堡建立柏林大学的前两年，拿破仑曾整顿法国的大学教育。他将大学的各学院分别改组为培养从业人员的专科学校，并为之制定了严格的规章制度。大学的全部事务完全控制在国家的手中，大学教授的主要任务是教学和考试，很少拥有研究资源。法国大学的教授除了每星期必须讲课之外，在专业之外的活动不受国家限制。按照艾伦的话来说："除了上帝之外，他就是自己的主人。"行政上的僵化同规章制度内的无政府主义般的自由是法国大学的典型特点。法国大学的这一典型特点使其逐步丧失了世界科学中心的地位，至 20 世纪中叶被德国取而代之。

　　早期的德国教育机构是在教会的严格控制下生存下来的，全部教育系统都由教会掌握。洪堡创建的柏林大学，开了教学与研究相结合的时代先声。但是，洪堡反对大学传授实用的专门化知识，要求大学传授不含任何实用目的所谓"纯粹知识"。柏林大学的教授们深信纯科学的价值，注重追求科学本身的目标，反对任何实用的思想渗透到他们的学术研究中。面对外部高等教育机构的建立，科学学会对现代科学的影响以及工业界对应用科学的发展，以柏林大学为首的德国研究型大学未为所动，而是继续开展以"纯粹知识"为目的的科学研究。为突破"纯粹知识"的思想束缚，德国还在大学之外开拓了巨大的学术市场，为应用科学提供发展科学技术的平台。学术市场的一个重要的交流机制是德国的科学学会。科学学会通过定期举行会议，通过出版物以及与国外学会的联系进行人员和学术交流，促进了学术市场的繁荣。但是，这些科学研究开始呈现一种新的趋势——哲学与科学、哲学与技术逐渐相互融合。以柏林大学为首的德国研究型大学并没有为回应社会需求而随波逐流，也没有因外部机构的变革而退化为技术性高等教育机构，而是坚持"为科学而科学"的价值信仰，从而引领了 19 世纪至 20 世纪初世界科学研究的发展。德国研究型大学在这段时期创造了辉煌的成就。德国研究型大学在科学领域的卓越贡献吸引了来自世界各地的学子求学于斯。1807年，普法战争再次爆发，结果以法国惨败而告终。法国史学家恩尼斯·瑞南伍钉认为，是德国大学赢得了战争的胜利。起初，法国国内对高等教育的不满议论较多，但却较少落实到行动中。最终，在强烈的呼声和建议下，法国于1896年按照德国的大学模式，在原有专业学院的基础上，成立了省属大学。总之，19世纪至20世纪初期的德国大学对外部社会的影响是世界性的，除了对欧美国家等产生深远影响外，还对日本等亚洲国家等产生了深远影响。

（5）非正式制度视野下的柏林大学的社会资源。

首先是民族意识形态的觉醒与柏林大学的产生。受法国启蒙思想的影响，18世纪的德意志知识分子率先开始在意识形态领域觉醒，他们的宗教信仰开始动摇。莱辛、席勒、歌德、莫扎特、康德等大批文学家、艺术家、哲学家发出了对封建宗教神学的批判和对建立民族国家的向往。与此同时，法国建立起了强有力的中央集权，并试图获得欧洲霸权，德、法两国冲突不断。1789年，法国资产阶级革命爆发，这也唤起了德意志知识分子的民族意识。德意志文化上的民族意识被拿破仑的刺刀唤醒后，很快转化为政治上的民族意识。运用教育的力量来恢复国家的昌盛也符合当时当权者的兴趣和意愿。就这样，在19世纪早期的德国，民族意识形态和当权者的兴趣有力地结合在了一起。它直接导致了柏林大学的产生。从此以后，大学为国家服务、国家为大学提供充足资金就成了德国高等教育的重要策略。民族意识形态的觉醒使德国的大学教授们是如此直接和广泛地接受国家的控制和期望，以致他们认为自己与整个国家"共命运，同兴亡"。同时，民族意识形态的觉醒也促使国家大量投资于公共教育事业，进而促使国家为大学提供的经费以惊人的速度增加。

其次是唯心主义思想对柏林大学的影响。唯心主义运动对柏林大学的形成和发展发挥了重要的引领作用。哲学家们将他们的理论触角延伸至高等教育高深知识领域，为德国大学的发展奠定了坚实的哲学基础。唯心主义的内容是支持学术自主的诉求，并以哲学学科为主导。康德的批判哲学一开始便提出要摧毁神学、认识终极现实的诉求。大学以哲学院为中心的基本观点体现在 19 世纪初德国大学的改革实践之中，并贯穿于 19 世纪至 20 世纪初期德国大学的发展之中。在 19 世纪至 20 世纪初期，德国大学已经有了"教学与研究相统一"的办学理念的思想渊源。大学教学具有发生意义上的特殊使命，教师不能像著作者那样只是提供研究要达到的结果，而应该向学生展现达到研究结果的方法。纵观 19 世纪和 20 世纪初的德国大学发展史，我们不难看出，大学一直致力于对"纯粹科学"的研究，而实用的科学技术则是由大学之外的其他高等教育机构来承担。

最后，德国传统大学的习俗惯例与柏林大学的继承发展。在 19 世纪至 20 世纪初期，德国柏林大学引领世界高等教育发展百余年，柏林大学模式已成为世界研究型大学发展的典型范式。拷问柏林大学的崛起以及缘何在英国、法国没有产生如此深刻的大学变革，必然涉及政治、经济、文化等诸多方面的影响。但是，德国传统大学习俗惯例的影响，尤其是德国大学改革运动的影响，无疑是重要的因素之一。事实上，就柏林大学的组织机构而言，它与德国早期的大学相差无几。哈勒大学和哥廷根大学为柏林大学的产生，办学理念、组织机构、教学方法等夯实了基础。相比较而言，在同时期，最先发生工业革命的英国高等教育一直处于牛津大学和剑桥大学的垄断之下，机构僵化、教学保守、宗教氛围浓厚。在法国，传统大学遭受到了致命的打击。巴黎大学被强行关闭则标志着法国高等教育与传统大学的根本断裂。英国高等教育的过于因循守旧和法国高等教育的过于激进变革都是使他们失掉世界高等教育中心的原因。应当承认，在政治生活上很强调按法律规章办事的德国，正式制度无疑也渗透到了大学的行政组织。在整个世纪到纳粹统治之前一段时间里，德国大学法令虽然不断增多，但是实际上变化却很小。另外，法令与法令之间上留下了许多空白，所以大学越来越多地依靠那些未见诸文字的惯例和人们共同遵守的做法行事。而德意志民族意识形态，康德、谢林、费希特、施莱尔马赫等大师的思想以及传统大学的习俗与惯例无疑是影响柏林大学发展的重要的非正式制度因素。概言之，非正式制度在柏林大学产生、发展与变革中都发挥着非常重要的作用。

4. 20 世纪初期以后的高校社会资源——以哈佛大学为个案

创办初期的哈佛学院是一所公立性质或私立性质很难界定的院校。其创办经费最早来自"马萨诸塞湾殖民地议会"和约翰·哈佛的私人捐赠，当时的美利坚合众国还没有诞生。1819年，"达特茅斯学院案"以后，哈佛大学明确了其私立性质。这所私立高等教育机构在 20 世纪不断发展壮大，逐步被锻造为一所与美国政治、经济、文化等各领域发展息息相关的国家大学。伴随着这所国家大学的产生与发展，它的国际化趋势也日益彰显。到了 20 世纪，哈佛大学十分之一的学生来自海外，亚裔和西班牙裔的学生数量突飞猛进地增长，在哈佛大学的校园内有 60 多种语言被讲授。及至 20 世纪初，哈佛大学的国外留学生已经达到学生总数的 1/6，留学生的国籍遍布全球五大洲。这些日久弥丰的资源集合体相互转化、相辅相成，为哈佛大学的发展奠定了雄厚的基础。

哈佛大学的领导机构是大学董事会与校务监督委员会。哈佛大学校长邓斯特接受了英王查尔斯二世的特许状，"哈佛学院校长及董事会"（又称"哈佛董事会"）成立，成员包括校长、财务主管和 5 位终身董事。由 7 人组成的哈佛大学董事会是哈佛大学的最高权力机关，负责校长推选、教育教学和机构政策等重大事务的裁决。20 世纪 90 年代起，哈佛大学校内管理开始出现新的变革。由于科学技术迅速发展，学科之间的交叉与融合趋势越来越明显，任何一名专家或者单独的一个学院都很难独立完成一些综合性的研究课题。此外，随着大学规模的不断扩大，大学经费也面临着紧张局势。如何提高学术研究的绩效，促进学校内资源共享、人才共享、信息共享等越来越成为大学迫切需要解决的课题。

一方面，国家为大学的发展提供了雄厚的物质支持。由于大学是国家发展的创新动力和知识源泉，国家发展离不开大学（尤其是高水平大学）的支持，因此国家也有义务为大学的发展谋福祉。另一方面，大学独立于国家。进入 20 世纪以后，哈佛大学与社会的联系越来越密切。大学与大学之间、大学与校友之间以及哈佛大学与其他非营利性或营利性组织之间的关系错综复杂。哈佛大学在发展过程中逐步脱离了故步自封的状态，渐渐由一个清教徒控制的宗派机构转变为与社会发展息息相关的网络枢纽。哈佛拥有为数众多的成功校友，这能为哈佛吸引全球最优秀的学生。这些学生毕业后，携带着哈佛的毕业证书，又可以找到最好的工作，促使他们自身走向成功。这种良性的"马太效应"，为哈佛大学及其校友都带来了丰厚的无形资产。所以，哈佛大学的社会资源包括："崇尚自由"与"追求平等"的意识形态；"追求真知"与"服务社会"的哈佛理念；"权限政府"与"政府资助"的习俗惯例等。

纵观欧美高校社会资源发展史，我们可以得出，高校社会资源的多寡是随着大学发展起伏波动的。换句话说，当高校社会资源丰厚时，大学也会迎来发展的春华和秋实；当高校社会资源贫瘠时，大学也将面临发展的严冬和酷暑。

（二）中国高校社会资源的演进历程

第一次鸦片战争后，腐朽的清王朝遭到了列强的沉重打击。为了救亡图存，部分开明之士提出"师夷长技以制夷"的主张，强调从器物上学习欧美，引进列强的军事和技术。1860年英法联军发动了第二次鸦片战争，在洋枪、洋炮的攻击下，"闭关锁国"的清政府国门洞开。李鸿章、左宗棠、曾国藩等一批清政府官僚在与列强的战争和谈判中认识到了"西文""西艺"之重要，于是举办"洋务事业"，史称"洋务运动"。在"中学为体，西学为用"的主旨下，一批以学习西方语言为主的学堂（如京师同文馆、广州同文馆等）和学习西方技术的学堂（如福建船政学堂、天津北洋水师学堂等）先后兴建起来，1894年爆发的中日甲午战争，以中国惨败而告终，洋务派苦心经营的北洋水师全军覆没，这标志着洋务运动的彻底破产。甲午战争后，清政府国势衰微、民不聊生，对外面临着被列强瓜分，对内面临着义和团反抗，可谓内忧外患、岌岌可危。受日本明治维新的影响，以康有为、梁启超、谭嗣同等为代表的民族资产阶级开始登上历史舞台，发动了"维新变法"运动。他们在教育领域主张"废科举，兴学堂"。刑部左侍郎李端棻给清廷上奏《请推广学校折》，首倡设立"京师大学堂"。光绪帝下《明定国是》诏书，宣布维新变法开始，并批准成立京师大学堂。之后慈禧太后发动"戊戌政变"，维新变法最终以失败告终。"百日维新"在中国历史长河中，只是昙花一现，其改革措施几乎全被废除，但京师大学堂作为萌芽较早的学校，最终没有被废除。从1898年成立到1912年更名为北京大学，虽几经沉浮，京师大学堂作为代表着中国最早创立的近代大学在困境中得以生存，从而拉开了中国具有近代高等教育性质的大学发展的序幕。

1. 从"京师大学堂"到"西南联大"时期中国近代大学的
社会资源

中国近代意义上的大学模式是从国外移植而来的。1898 年
建立的京师大学堂在当时的教育体制中占有最高的统治地位，
它不但是全国的最高学府，而且还是全国教育的最高行政机关，
扮演着中国古代教育中"国子监"和现代教育中教育部的管理
角色。实际上，直到蔡元培从德国归来担任北京大学校长以前，
有关大学自治的规定从来就没有真正付诸实现。蔡元培就任北
京大学校长后，实行了思想自由、兼容并包的政策，在校内采
取了一系列的改革措施，从实质上实现了北京大学的近代化。
他特别指出："诸君来此求学，必有一定宗旨，欲求宗旨之正大
与否，必先知大学之性质。今人肄业专门学校，学成任事，此
固势所必然。而在大学则不然，大学者，研究高深学问者也。"
蔡元培发动的制度改革为北京大学赢得了丰厚的大学内部社会
资源，对北京大学的后续发展以及国内其他大学的发展产生了
深远的影响。1937 年在日本侵略者的炮火威胁下，在大学物质
资源遭受严重损害的条件下，中国大学纷纷内迁。此时，大学
教育不但没有被毁灭，反而在困境中茁壮成长，高等教育弦歌
不断，孕育出了西南联合大学这样的精英型高等教育机构。

西南联合大学能够取得如此骄人的成绩，主要得益于：

（1）内部社会资源。内部社会资源主要得益于以下几个
方面：

第一，办学理念刚毅坚卓；正确的办学理念是一所大学能
够成功与否的重要精神支柱，也是凝聚学校师生以及管理者关
系的情感纽带。试想，如果没有一个情感纽带相连接，这种
"万物并育而不相害，道并行而不相悖"的局面在西南联合大学

中将是很难出现的。西南联合大学成立后，教育部要求呈报校歌、校训。1938 年 11 月 26 日，西南联合大学常委会决定取"刚毅坚卓"为学校校训。"刚毅坚卓"融北大、清华、南开三校长期办学理念为一体，充分体现了西南联合大学师生的为人态度、思想理念、处世品行和学习精神。"刚毅坚卓"的办学理念虽没有得到当时教育部的批准，但是西南联合大学依旧恪守。面对国民党政府的"党化教育"，西南联合大学或变通行事，或据理力争，终于赢得大学的自治地位，为师生的学术自由奠定了良好的环境。

第二，三校强强联合。西南联合大学成立之前，北京大学、清华大学、南开大学均已是国内知名的高等学府。三校名师云集，学科各有所长。三校强强联合后，如何调整学科设置，协调内部关系是西南联合大学的首要事情。如果不能够调整学科，那只能是貌合神离，"联大"一词也只能是徒有虚名而已。如果不能够协调内部关系，无疑会增加三所学校之间的矛盾，使诸多资源消耗于内讧之中。关于学科整合，西南联合大学的办法是，既要整合三校集体之学术力量，又不削弱三校学科之优势，在全校成立五个研究所，每个研究所下设若干学部，学部下设研究组。协调三校之间的内部关系，是西南联合大学成功的重要因素之一。西南联合大学成立之前，三校性质各异，清华大学、北京大学为国立大学，南开大学则为私立大学。三校经费资源不同，清华大学有"庚子赔款"较为富庶，北京大学、南开大学经费则略逊一筹。因此，如果不能够协调内部关系，必然会引起争执、产生矛盾。西南联合大学办学期间，并不是一点矛盾没有，但是三校校长均能够以大局为重，精诚合作。三校校长中，南开大学的张伯苓年龄最长，北京大学的蒋梦麟居中，清华大学的梅贻琦年纪最轻。正是三校领导互相宽怀大度，才能够产生"同艰难,共欢悦"的联合办学效果。此外,梅贻琦担任西南联合大学执行常委期间,并没有专断独行,而是充分发挥"教授治校"的民主管理风格。在这样的内部环境下,西南联合大学创造出了教育史上的辉煌,足见大学内部社会资源的重要性。

第三,良好的师生关系。西南联合大学师生关系笃厚,这不但反映在课堂上,而且还反映在课堂之外。西南联合大学在当时有一个新名词,那就是"泡茶馆"。所谓"泡"者,必定要坐得很久。为什么学生不在教室或图书馆阅览室,而在茶馆呢?主要是因为当时西南联合大学校舍紧张,宿舍内灯光昏暗,图书馆位子有限。而当时学校附近(如文林街、凤翁街、龙翔街等)有许多茶馆,除喝茶外,还可吃些小点心。所以,许多同学经常坐在里面泡杯茶,同时看书、讨论问题、写读书报告甚至论文等。于是,"泡茶馆"成了西南联合大学师生日常生活的一部分。在茶馆内,师生自由自在,畅所欲言、无拘无束。他们在这里可以相互交流、自由辩论,创新的火花往往由此而生。许多西南联合大学的毕业生,现在想起"泡茶馆"还心向往之。

第四,学生管理。学生自治是西南联合大学教授治校的一种有效补充形式。它不仅有利于师生间的沟通交流,完善学校的内部管理,而且还有利于学生在自治中养成社会服务意识和公民德性,为将来走向社会做好准备。此外,在西南联合大学还先后有数十个学生自发组成的社团,比较著名的有"群社""冬青社""西南联大学生话剧团"等。学生自发组织的这些社团,不仅把有共同兴趣爱好的学生团结在一起,通过开展活动,使社员经受了锻炼,提高了能力。同时,在教育本社团同学的过程中,也教育了其他同学和群众。无论是西南联合大学的学生自治会，还是众多的学生社团，都为熏陶学生的品格、加强学生的交流、润物于无声之中奠定了组织基础。

此外，西南联合大学能够取得如此骄人的成绩，还得益于其外部社会资源。外部社会资源主要是政府支持。中国近代大学的起源与西方中世纪大学不同，它不是学者自发组成的团体，而是国家根据发展需要而设置的制度化产物。政府不仅从政策的制定上，而且从经费上都给予了很大的支持。中央财政预算体系中增加了"教育费"科目，以政府拨款为主的经费管理体制基本形成。谈及中国近代大学的发展史，不能不论述中国近代的留学生教育。在国家经费的大力支持下，以蔡元培、张伯苓、梅贻琦、竺可桢等为代表的、拥有国外留学经历的大学校长为中国近代大学的发展带来了先进的管理理念。而无数拥有国外留学经历的、学贯中西的学术大师为中国近代大学的发展带来了雄厚的师资力量。所以，中国近代政府对留学生教育的支持间接地影响了大学的发展。

（2）外部关系网络。抗日战争全面爆发后，政府对大学的管理和控制较之以前大为减弱。在这段时期内，大学的外部关系开始发生变化，大学与大学、大学与社区的关系日益密切。西南联合大学在抗日战争期间，创造了大学与大学、大学与社区密切联系的经典案例。清华大学、北京大学、南开大学三所高校联合组成西南联合大学期间，相互亲密无间，创造了丰厚的大学内部社会资源。此外，西南联合大学之所以取得重大的成功还取决于它与外部（尤其是与云南当地）的社会关系。通过大学与大学、大学与当地之间的合作，在爱国主义的精神动力驱使下，在抗战期间，大学虽然面临着经费、资料、实验设备等诸多物质资源的短缺。但是，在人才培养、科学研究、服务社会等方面却得到了超常发挥。苏步青、华罗庚、茅以升、竺可桢、周培源、严济慈、卢嘉锡等知名教授不但潜心于研究，而且注重人才培养，使许多青年脱颖而出。他们的研究成果有许多得到了当时国际学术界的认可，其中有的甚至达到了世界领先水平。换言之，大学外部社会资源在一定程度上弥补了大学物质资源的不足，为中国近代大学的发展提供了强大的动力。

2. 从"院系调整"到 1976 年的社会资源

中华人民共和国成立后，我国便开始了"自上而下"的、以政府为主导的高等教育体制改革。1949 年中华人民共和国成立后，受政治意识形态的影响，中国高等教育模式开始全面转向对苏联模式的学习。

从 1949 年到 1966 年的 17 年中，我国高等教育发展大致经历了三次大的变革。第一次是以 1952 年的院系调整和随后展开的教学制度改革为主要内容的高等教育变革。第二次高等教育发展的重大变革以 1958 年的"教育大革命"为重要标志，以修正苏联模式为重要特征。第三次高等教育发展的重大变革是以 1962 年的"调整、整顿"为重要标志的。在中华人民共和国成立初期，伴随政治体制的变革，我国高等教育体制对苏联模式的学习是与当时的社会发展状况相适应的。中华人民共和国成立之后，学习苏联经验是建立社会主义大学制度的一条捷径。在短期内建立起一个如此大规模的、全新的制度，并能够顺利地运行，这一事实本身就有力地说明了改革的成功。此外，以单科院校为主的高等教育体系也为社会主义建设培养了大量的、急需的专业人才。1966 年，高等学校被迫停止全国招生达 5 年之久，废除研究生招生制度达 12 年之久。

3. 20 世纪 80 年代以后的高校社会资源

1977 年，国家恢复了全国高等学校统一招生考试制度，

1978 年，国家恢复了研究生招生考试制度，1980 年，第五届全国人民代表大会常务委员会第十三次会议通过了《中华人民共和国学位条例》，建立了学士、硕士、博士三级学位制度。1977年以后，国家相继恢复和整顿了各类院校。与此同时，知识分子的政策相继得到落实，教师的地位不断得到重视和提高。中国的高校社会资源在经过十年的断裂之后，开始得到恢复和重建。国家积极推进教育（尤其是高等教育）的对外开放步伐。除出国留学、来华留学、聘请外籍专家等工作得到迅速发展外，改革开放以后中国高等教育国际化得到全面发展，这主要表现为中外合作办学。所谓中外合作办学，是指外国教育机构同中国教育机构（以下简称"中外合作办学者"）在中国境内合作举办以中国公民为主要招生对象的教育机构。旨在加强教育对外交流与合作，促进教育事业的发展。随着我国高等教育向纵深发展，高等教育中的教学与研究内容开始出现国际化趋向。在全国高校，外语学习出现热潮，从大学生到研究生、从入学到毕业、从学生到教师，外语学习和考核无处不在。世界经济、国际关系、国际贸易、国际法等新兴专业在许多高校开设，还出现了外国研究所、国际关系学院、国外文化研究中心、工商管理学院等教学研究机构，外文原版教材、比较研究课程、双语教学方法等教学内容和方法逐渐普及。这些都标志着中国的高等教育国际化历程已经进入了一个实质性的发展阶段。

为改变计划经济时期的教育管理体制，1985 年 5 月 27 日，国家发出《中共中央关于教育体制改革的决定》，开启了"文革"后高校内部管理体制改革的先河。该决定指出，要从根本上改变政府有关部门对学校（主要是对高等学校）统得过死，使学校缺乏应有活力的局面，改变政府应该加以管理的事情又没有很好地管起来的现象。要从教育体制入手，系统地进行改革。改革管理体制，在加强宏观管理的同时，坚决实行简政放权，扩大学校的办学自主权、调整教育结构，相应地改革劳动人事制度。还要改革同社会主义现代化不相适应的教育思想、教育内容、教育方法。在这一时期，中国大学除通过社会服务、产学研结合的模式获取外部资源外，社会捐资办学也越来越成为高校经费来源的重要模式。

伴随着高考制度的恢复、院校的恢复和重建、知识分子政策的落实，中国的高校社会资源开始得到恢复和重建。从高校外部网络关系的视角来看，中国的高校开始走向世界，出国留学、来华留学、中外合作办学、高校境外办学、国际学术交流等蔚然成风。高校开始逐步摆脱国家统包统管的局面，获得了较大的办学自主权。高校不断加强与地方政府的互动，服务社会的能力不断提高。高校与企业、校友等开展了广泛的联系，多元投资的高等教育筹资格局正在逐步形成。从高校内部网络关系的视角来看，通过一系列改革措施，高校内部关系获得了极大改善，高校学科发展日趋综合，高校内部管理趋于民主，校务委员会、教职工代表大会、学生团体组织等极大地丰富了高校内部社会资源。此外，建立良好的师生关系、增进师生之间的交流也是改善当前高校内部网络关系必须重视的一环。从非正式制度的视角来看，20 世纪 80 年代以后，中国高校之所以能够得到较快的恢复和重建，与转型时期的国家意识形态、"科教兴国"的战略思想是分不开的。

纵观中国高校社会资源发展史，我们可以看出，高校社会资源的多寡随高校发展起伏波动的规律转变。换句话说，当高校外部网络关系广泛、高校内部网络关系和谐时，高校发展的机遇就会增多，高校发展的空间就会扩大。当高校外部网络关系断裂、高校内部网络关系冲突时，高校发展就会面临重重困境，甚至是遭遇重创。就非正式制度层面而言，当高校注重吸收中国传统文化的精华并主动借鉴国外大学模式时，高校就会发展。反之，高校就会步入歧途。中国高校发展的稳定性还需要立法正式制度来保护。

第三节　集聚高校社会资源

一、集聚的内涵及优势

（一）集聚的内涵

"集聚"首先发轫于经济学，是指相同（类似）产业或互补产业在一个特定的、邻近的地理上的集中所形成的产业集群或相互依赖的区域经济网络。阿尔弗雷德·马歇尔认为，集聚的本质就是把性质相同的中小厂商集合起来，对生产过程各个阶段进行专业化分工，以实现作为企业生产的规模经济生产。因此，如果把高校看作一个系统，那么集聚就是高校把各要素通过有秩序的、联系紧密的行为把各种社会资源集中在一起，进行优化组合的过程。这种行为不仅存在个体优化指向，更存在整体优化指向。

集聚效应（Combined effect），是指各种产业和经济活动在空间上集中产生的经济效果以及吸引经济活动向一定地区靠近的向心力，是导致城市形成和不断扩大的基本因素。集聚效应是一种常见的经济现象，如产业的集聚效应。最典型的例子当数美国硅谷，聚集了几十家全球 IT 巨头和数不清的中小型高科技公司。国内的例子也不少见。在浙江省，诸如小家电、制鞋、制衣、制扣、打火机等行业都各自聚集在特定的地区，形成了一种地区集中化的制造业布局。类似的效应也出现在其他领域，北京、上海这样的大城市就具有多种集聚效应，包括经济、文化、人才、交通乃至政治等。知识管理领域也存在着集聚效应，并且通过这种效应，我们可以在某种程度上对组织中知识的传播和共享起到一定的控制作用。知识管理领域集聚效应产生的原因是多样的，而且在不同的知识管理活动中也可能有不同的原因。在类似于 AMT Club 这样的知识社区就存在着多种促成集聚效应的因素。首先是资料的排序，无论使用哪种知识社区软件，知识资料都是要按照一定的顺序存储并显示给知识社区成员的，排在前面的内容肯定可以更容易地被大家看到和关注，很多软件可以让社区成员自己定义显示顺序，如回复靠前或者是发表时间靠前等。但是，大多数访问者会使用系统的缺省排序，也就是说，大多数人会使用相同的显示顺序，这就为产生集聚效应创造了条件。其次是知识社区的资料推荐和索引，如新帖一览、精华资料、首页推荐、知识地图、电子杂志、搜索排序等，通过许多不同方式的组合使特定的资料更容易让更多的人看到并且关注，这种关注又进一步强化了其地位，并获得了更为有利的位置，形成了正反馈效应。比如，在新帖一览中受到较多关注的知识可以成为精华，而受到大家欢迎的精华又可以获得首页推荐，让每个访问者在一进入社区时就看到，这种不断强化的优势就会集聚很多人的关注。第三种因素是知识社区的各种排行榜，比如点击率排行榜、回复排行榜等。虽然存在多种因素，但是这些因素并不是单独起作用，并且所起的作用也和知识社区成员的习惯紧紧地联系在一起。同样以知识社区为例，如果大家都习惯直接进入社区讨论或者寻找资料，不太关注社区的索引或者排行榜，那么资料的排序就会成为产生集聚效应的最主要因素，后两者不起作用。反过来，如果更多的人习惯通过知识地图、索引、排行榜来找自己需要的知识和资料，那么后两者就会起到更大的作用，而排序不起作用。在实际操作的知识社区中，组织成员的习惯是多样化的，因此集聚效应就成了多种因素综合作用的结果。

（二）集聚效应的优势

集聚效应的存在使得知识系统的管理者对知识的共享和传播进行一定程度的控制成为可能。管理者可以研究多数组织成员的习惯，然后利用集聚效应拓展特定知识在组织内传播和共享的深度和广度，这些知识可能是在一段时间内需要组织成员都尽快了解的，也可能是推广知识管理系统本身的。比如如何使用知识管理系统的工具，或者是希望更多的人能深入讨论并有可能产生创新的。在知识社区中，如果需要社区成员对某项知识进行深入的讨论，管理者首先可以借助回复靠前的排序功能使其处于靠前的位置，同时提高其在回复排行榜上的排名，吸引更多的知识社区成员进行更深入、广泛的讨论，创新往往就会在这种大讨论中迸发出来；如果需要使某项知识在尽量短的时间内让更多的人知道，管理者可能采取的方法就是主页推荐，电子杂志和点击率排行榜。当然，具体采取何种方法还要参考前面我们讨论过的各种因素的作用大小，如果排行榜对社区成员不起作用的话，就要考虑采用其他有效的方法或者通过推广和引导使排行榜发挥作用。

细节决定成败，在使用集聚效应的控制功能过程中管理者必须仔细考虑具体的操作方式，精心设计知识管理系统的各项功能并随时根据需要进行调整。对于点击率排行榜，时间限制就是一个要考虑的因素。这个排行榜是多长时间内的排行呢？过去一年、几个月、还是几天？时间过长，会使一些知识过期却仍然滞留在排行榜上；时间过短，又可能导致重要的知识很快就因为时间问题而淡出排行榜。对不同组织的知识社区来讲没有一定之规，总的原则是如果知识内容的有效期比较长且更新比较慢，这个时间可以长一些。如果知识内容的有效期比较短或者更新速度比较快，这个时间可以短一些。复杂的系统则需要采取灵活的设计，进行一段时间的测试之后再根据结果进行调整。分类是另外一个重要的因素，知识管理系统往往存在复杂的分类体系，那么这个排行榜是否要基于分类进行设计呢？因为某些热门类别很可能会占据排行榜的大多数位置，而冷门类别则根本没有机会进入排行榜。但是，我们又不可能设计很多排行榜，在这种情况下，可以通过聚类的方式减少排行数量，同时又兼顾到冷门类别，或者用其他方式提升需要推广的冷门类别。首页推荐也存在很多变数，比如更新的频率和推荐的数量，这实际上是一个问题。首页的容量是有限的，数量多就意味着比较快的更新频率。过慢的更新会使大家失去对首页的兴趣，不喜欢在首页逗留。而过快的更新则不容易形成集聚效应，一个主题还没有获得足够的关注就被刷新到主页以外了。所有这些东西都不应该是一成不变的，需要知识管理者不断地进行试验、摸索，总结经验并随时根据系统应用情况进行及时的调整。

集聚效应可以帮助管理者在一定程度上控制知识的传播和共享，但是这些获得集聚效应的知识资料并不是知识管理的全部，对少量知识的过分关注也不是知识管理的初衷，我们的目标还是要通过知识管理使知识能有控制地在组织内进行尽量广泛的共享和传播。无论我们使用哪种软件，是知识社区还是知识库或者其他，对于知识的使用者或者消费者而言，他们所要面对的就是眼前的那个显示器屏幕。知识管理者需要在他们访问知识管理系统时，在有限的屏幕区域内尽可能多地提供有效的知识和信息，而且最为有效的往往是首页、排行榜索引的第一页。前面我们所讨论的集聚效应在某种程度上都是基于这个前提。因此，除了前面提到的精心设计之外，还要对页面显示进行有效的管理。这就和商店的货架排列一样，真正的营销专家会把最容易获得利润的产品放在显眼的位置以吸引消费者的眼光。没有谁会把人们几年才买一次的东西和几乎天天要买的东西一块摆在外面。在知识管理中，我们也需要借鉴一下这样的营销思想，在最吸引知识消费者目光的首页等地方放上更有价值的知识和更能帮助他们使用系统的工具，如搜索引擎、各种索引、排行榜。

二、集聚高校社会资源的内涵及模式

高校系统内成员、校际在共同知识的规范指引下，进行社会关系的紧密网络化联结，其目的是实现高校内成员和整体组织的效益优化。从具体表现形式而言，可以分为信任集聚化、社会关系网络集聚化和规范集聚化。其中，信任集聚化是要使得高校中的信任形式由基于血缘、亲缘产生的关系型信任转变为基于有效制度环境和市场重复博弈产生的制度型信任（或称为普遍性信任）；规范集聚化则是指教职工所共同信奉和遵守的文化观、价值观、道德观由缺乏状态或不完善状态向逐渐生成状态或根植状态转变的过程。

（一）高校社会资源集聚的内涵

要想了解高校社会资源集聚的内涵，首先要了解高校社会资源作为一种具体的、特殊的社会资源形式，有它自身的特征。其主要表现在以下几个方面：

（1）复杂性。高校作为一个整体，有着自己鲜明的个性和统一体形象，虽然个体会对高校社会资源的生成有很大影响，但在高校建立外部关系时，它更多地是以部门或高校整体的形象出现的，个人所扮演的不过是科尔曼所说的"法人代理人"的角色。与个人社会资源不同的是，高校作为一个组织，不但涉及与外部的网络关系，而且还存在内部的网络联系。相对于其他组织、机构的社会资源（例如，家庭的社会资源）一般是以亲情、血缘、地缘等为主要媒介联系而成的，企业的社会资源一般是以业缘、金钱等为主要媒介联系而成的，高校社会资源有其独特性——文化性和高深知识性。无论是高校内外部的网络关系，还是关涉高校的非正式制度，以高深文化知识为媒介生发而成是高校社会资源的重要特征。

（2）共享性。高校社会资源不同于高校物质资源和人力资源。物质资源和人力资源的产权界限比较明晰，其所有权和使用权被其投资主体所拥有，即使资源的所有者向他人让渡其使用权，其让渡的成本和获得的收益也都是要通过合同事先约定的。而高校社会资源的所有权和使用权由构成网络的成员所共享，社会网络只有在共享和交流中才能实现最大的增值效能。

（3）无形性和开放性。高校社会资源是高校所拥有的一笔巨大的无形资产，它具有开放性和自我增值性。由于高校的产品是人，每年都会有一批学生走出校门，成为高校的校友。校友们会通过多种方式回报母校，为母校进行宣传，提高母校的知名度和声誉，扩大母校的影响力，不断为母校的这笔无形资产增值。

（4）层次性与非均衡性。高校社会资源包含个人、部门和高校组织三个层次。同时，不同高校的社会资源存量不同、扩展程度不同，从而使其社会行动受到的制约也不同。就不同历史时期而言，一所高校在不同的历史时期拥有不同的社会资源总量。就同一时期的不同高校而言，每所高校拥有的社会资源总量也各有差异，譬如，重点高校与普通高校的社会资源总量就明显不同。

（5）路径依赖性和嵌入性。嵌入性指高校教职工之间在长期的联系中形成相应的惯例和稳定的关系，并通过这种关系影响群体中其他行动者所采取的行为或采取行动时的行为倾向。嵌入性强调社会关系及其结构对于普遍信任的作用，限制机会主义，因为人们都倾向于和信誉良好的组织交易。嵌入性构成高校整合运行机制（如高校文化、高校效率、规制、信誉等），为社会资源的积累和效用发挥创造了必要条件。此外，高校社会资源是不断演进的结果，通过长期的交互作用和学习过程而集聚。社会资源一旦形成，往往不容易改变并呈现出路径依赖性。高校引导建立一种稳定的关系，这种关系使各方都从主观愿望上愿意长期维持这种关系，并在体制上得到保障。该种关系使社会资源得以确立，并不断进行自我再生产，且在不断变化和发展的环境中长期发挥作用，为高校社会资源注入活力。

（二）高校社会资源集聚的模式

纵观高校发展演化史，高校社会资源集聚模式主要有以下几种：

（1）内部集聚模式。这种集聚模式自动在高校内部实现，与高校外的市场、社会、经济毫无联系。这种集聚模式主要包括教职工的进修、自修；高校的自我发展等形式。这种模式一直是中世纪大学的主要集聚模式，这种模式本质上是一种封闭式的、"象牙塔"式的集聚模式，实现了高等教育的精英化。

（2）外部集聚模式。这种集聚模式主要是在高校与其他高校之间，或者高校与其他组织之间发生的。随着市场经济的到来，这种集聚模式有利于促进高校的改革与发展。这种集聚模式主要包括高薪聘请外部专家、学者；联合办学、建立共享实验室；学分共享，共同培养人才等形式。这一集聚模式是市场经济条件下高校社会资源集聚的有效方式之一。开放式集聚使高校与外部环境相互作用，使高校走出"象牙塔"，实现了高等教育的大众化。

（3）网络集聚模式。随着信息技术的发展、全球化时代的到来，高校社会资源集聚模式发生了嬗变。网络时代使得高校不仅加快人才培养、加强社会资源积累，而且为了提高竞争力，建立网络联盟。联盟的网络结点可以是学科或研究项目，也可以是知名学者。跨学科、跨校课题或实验室，把高校、企业、政府、社会连在一起，构成了一个知识创新的网络，高校社会资源发挥了巨大的作用。网络集聚是现代高校社会资源集聚的主要方式，实现了高等教育的普及化。

（三）影响高校社会资源集聚因素分析

资源集聚显然会受到个体素质、群体数量与结构、社会基础环境三方面的影响（如下图所示）。个体素质是指教师的年龄、学历、职称等属性，这是教师个体智力资源的外在表现，也是发挥智力资源价值的基础。群体数量与结构是指高校教师群体的构成情况，如平均年龄、平均学历、职称结构等。社会基础环境是指高校所在地的政治、经济、文化、制度、宗教等。依据布朗芬布伦纳的"生态系统论"思路，下图给出了高校智力资源集聚过程。从微观上看，有人力资源产权的教师个体有自发集聚的意愿，他们更愿意在相关人员多、学科水平高、知识创新快、竞争压力大、组织环境宽松和谐、个人潜力充分挖掘的环境中工作。目前，中国高校优秀人才向大城市、东部沿海经济发达地区流动的趋势彰显了智力资源集聚规律。具体来讲，影响高校教师集聚的主要因素是工作满意度。工作满意度是高校教师对现有工作及可能获得的工作进行综合价值评判后，对现实工作做出的价值判断。影响工作满意度的因素有年龄、学历、职务、职称、职业生涯目标、现有工作状况及对未来收益的预期、对非高校组织其他工作角色收益的预期、周围环境的压力等，若教师对工作不满意，直接后果就是产生流动的意愿。

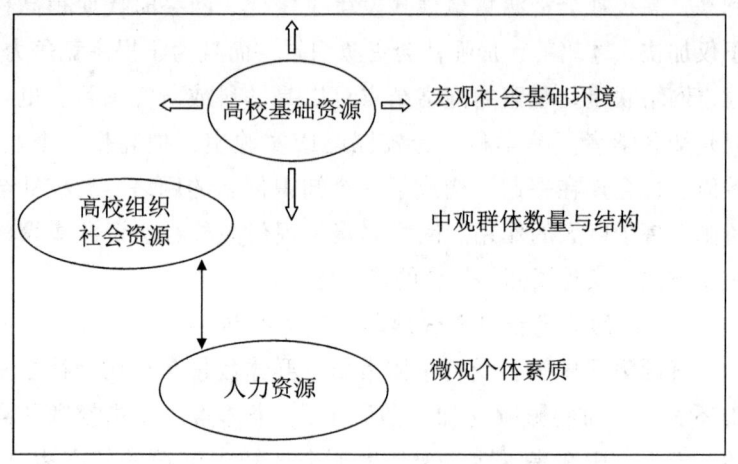

从高校组织这一宏观层面来看，组织结构资源包括高校组织结构、规章制度、校园文化、学科构成等。影响高校智力资源集聚的主要因素是高校组织的信誉。历史文化悠久的名校，具有一流的社会信誉，吸引了一流的优秀人才，集聚着雄厚的智力资源。同时，名校也是名师的诞生地，优秀人才神往之地。高校信誉的建立是一个历史过程，高校组织结构、规章制度、校园文化构成影响的主要因素。从某种意义上讲，高校的历史本身就是高校智力资源的重要组成部分。

从宏观层面来看，可把社会基础资源视为高校智力资源集聚的环境条件。社会制度、经济水平、文化传统、高校的社会认同等影响着高校的发展。如制度因素影响着人才流动的社会成本，改变了人才流动的收益预期，从而影响着高校对人才的吸引、培养、维系，促使高校智力资源存量、流量及集聚速度发生变化。

第二章

集聚高校社会资源的理论基础

第一节　高校社会资源集聚的理论基础

社会资源在现实的经济生活中发挥着不可忽视的作用。那么，我们应该如何按照社会资源的理论框架解释或解决实际问题，为社会资源促进高校发展提供理论支持呢？

一、社会资源理论指明了高校社会资源获取的途径

该理论的代表人物是华裔美籍社会学家林南。林南是社会资源理论的奠基人之一，在国际社会学界有着重要的影响。其著作包括：《社会资源：关于社会结构与行动的理论》《社会支持、生活事件与抑郁》《社会研究的基础》《社会结构与社会网络分析》等。其研究贡献主要在社会网络与社会资源、社会支持与生活压力、社会阶层流动以及中国社会等方面。他不仅提出了社会资源理论，认为社会资源由信任、互惠和合作构成，而且提出了一个更重要的研究方法，该方法直到现在还是社会资源研究中最重要的方法。林南从理性选择行为出发，在个体行动和社会结构的互动基础上，把社会资源界定为个体为了从嵌入性资源获取回报而在社会网络中进行的投资，揭示了社会

资源在微观、中观和宏观层面上的展开形式、矛盾运动和变化机制，提出了丰富的理论假设与理论命题，开拓了广阔的理论视野，不仅吸收了阶级资源、人力资源和文化资源等资源理论的成果，而且克服了关系论、功能论和集体讨论等方法论的局限，使社会资源研究进入了新的理论境界。[1]

林南认为，资源就是在一个社会或群体中，经过某些程序而被群体认为是有价值的东西，如果这些东西被占有将会增加占有者的市场机会。个人有两种类型的资源可以获取和使用：个人资源和社会资源。个人资源是个体所拥有的资源，可以包括物质和符号物品（如文凭和学位）的所有权。社会资源是个人通过社会联系所获取的资源。基于社会联系的延伸性和多样性，个人有不同的社会资源。作为社会资源的资源"包含其他个体行动者的资源（如财富、权力、声望和社会网络等），个体行动者可以通过直接或间接的社会关系获取他们。社会资源是嵌入在关系网中的资源。像个人资源一样，社会资源包括物质财富（如土地、房屋、汽车和金钱）和象征财富（如教育、俱乐部成员资格、受人尊敬的学位、贵族或组织头衔、姓氏、声望和名声"。资源的获取可以区分为先赋社会资源和自治社会资源。关于如何获取社会资源，林南提出了三个可能的因素：自我在等级制结构中的位置；自我与其他行动者之间关系的性质；网络关系的位置。这三个因素导致了关于获取社会资源的四个理论命题：自我的结构性位置的强度；关系的强度；关系的位置的强度；结构位置（position），关系与网络位置（location）的共同（互动）效应。这些假设和命题均为高校获取发展资源指明了实现途径。虽然社会资源理论具有强大的解释力，但社会资

---

[1] 陈忠裕："集群式创新的公共关系效应分析"，载《中国工业经济》2001年第3期。

源理论也有其自身无法解决的困境。

（1）外部困境。现在越来越个体化的社会使得社会资源的形成愈加困难，现代社会随着市场经济的发展，人们的行为越来越理性化（功利化），使得人际关系趋于淡漠，人们之间的各种关系大都建立在能否获利的基础上。在这种情况下，集体、团体、社会、国家的利益将难以得到保障。宏观层次的社会资源将难以实现。在现代社会中，人们正在由原来联系较为紧密的血缘集体中转移到高度集中化的和越来越城市化的国家集体中。随着这种转移，单个人越来越脱离原先密切的、地域性的血缘和庇护群体。在庞大的、高度集中和不断城市化的国家里，单个人在越来越高的程度上依靠自己谋生立业。人们拥有了更大的选择空间，可以在更大的程度上为自己作出决断。此外，个人也越来越多地占有可供支配的、可利用的资源，人们不愿建立社会资源。当然，现代社会中流动性的增加也使得人们不愿在某个地方对社会资源做过多的投资，人们只是在必要时才对社会资源进行短期的、功利性的投资。总之，现代越来越个体化的社会使得社会资源的形成非常困难，这是社会资源理论的外部困境。

（2）自身困境。用经济学概念来解释人的社会行为和社会关系，社会资源概念来自经济学，而经济学大都是从是否获利或是否增值的角度来谈论资源。因此，在引入社会资源以后，人们仍然会在这样的意义上使用社会资源，这在微观层面上是比较普遍的。微观社会资源经常被用来指一种能为行动者带来收益的、持续稳定的社会关系，它强调的是个体对有意投资的关系资源的利用。经过社会资源概念的拓展，虽然社会资源不再仅指能为行动者带来收益的、持续稳定的一种社会关系，它甚至上升到了社会规范、文化、信任及社群、团体发展的层面，但是这样一个来自经济学的概念总会关注社会资源的经济功能。从现有的文献的题目与主题来看，大多数关注社会资源与经济发展之间的关系。虽然社会资源的含义已经超越了钱与物的范围，但人们还是把它们紧紧联系在一起。

二、结构洞理论奠定了高校不同结构的结点价值

结构洞理论是人际网络理论大家庭中的新成员，它强调人际网络中存在的结构洞可以为处于该位置的组织和个人带来信息和其他资源上的优势。该理论的主要代表人物是罗纳德·伯特。他在《结构洞：竞争的社会结构》一书中首次明确指出，关系强弱与社会资源、社会资源的多寡没有必然的联系。所谓结构洞，即社会网络中的某个或某些个体和有些个体发生直接联系，但与其他个体不发生直接联系或关系间断的现象，从网络整体来看好像网络结构中出现了洞穴。罗纳德·伯特称这种关系稠密地带之间的稀疏地带为结构洞，并将填补结构洞的行为称为搭桥。结构洞只能是针对第三者的，这样才能产生"传递性"。无论是个人还是组织，其社会网络均表现为两种关系：一是网络中的任何主体与其他主体都发生联系，不存在关系间断现象，从整个网络来看就是"无洞"结构。这种形式只有在小群体中才会存在。二是社会网络中的某个或某些个体与有些个体发生直接联系，但与其他个体不发生直接联系，无直接联系或关系中断的现象，从网络整体来看好像网络结构中出现了洞穴，因而称作"结构洞"。

罗纳德·伯特依据结构洞理论就市场经济中的竞争行为提出了新的社会学解释。他认为，竞争优势不仅是资源优势，而且更重要的是关系优势。即结构洞多的竞争者，其关系优势大，获得较大利益回报的机会就高。任何个人或组织，要想在竞争

中获得、保持和发展优势就必须与无关联的个人和团体建立广泛的联系，以获取信息的控制优势。罗纳德·伯特认为社会网络是一种社会资源。特别强调关系网络的功利性和工具性。罗纳德·伯特的中心命题是：如果一个人能够成功地运用网络，他的生存机遇就会大大改善。既然网络关系是一种投资，那么高校就需要建立一个有效率的网络，使其处于一种拥有较大社会资源的结点的竞争地位，从而获得较高的竞争回报。如果两者之间缺少直接的联系，而必须通过第三者才能形成联系，那么行动的第三者就在关系网络中占据了一个结构洞。显然，结构洞是针对第三者而言的。罗纳德·伯特认为，个人在网络中的位置比关系的强弱更为重要，其在网络中的位置决定了个人的信息、资源与权力。因此，不管关系强弱，一旦存在结构洞，那么将没有直接联系的两个行动者联系起来的第三者便将拥有信息优势和控制优势，这样能够为自己提供更多的服务和回报。因此，个人或组织要想在竞争中保持优势，就必须建立广泛的联系，同时占据更多的结构洞、掌握更多信息。

三、现代组织理论拓宽了高校关系网络空间

现代组织理论认为学校是一个开放的组织，其与社会中的许多组织发生联系、互相影响。现代组织理论是 20 世纪 60 年代以来逐步发展起来的。其代表人物有巴纳德、西蒙、钱德勒、劳伦斯、洛希、维克和马奇等。巴纳德从人与人相互合作的系统来解释组织，提出了激励的新观点，认为经济收入不是唯一要素，以及受注意信息交流和权威接受论等观点。西蒙认为组织是为了实现共同的目标而协作的人群活动系统就是管理决策，其代表作有 1947 年发表的《行政行为——行政组织中决策程序的研究》。社会网络理论对分析学校组织间的关系具有指导意

义。社会网络理论认为，社会网络是人与人、组织与组织之间由于交流和接触而实际存在的一种网络纽带关系。它可以帮助个人或组织形成意见和作出决定，获得投资、信息和建议以及找到同伴等。经济行为嵌入于社会结构，而核心的社会结构就是人们经济生活中的社会关系网络，嵌入的社会关系网络机制是信任。这些关系或密或疏，或是多重关系或是单向关系，或强或弱等。其代表人物有拉德克利夫·布朗、米切尔、格兰诺维特等。"'社会网络'指的是社会行动者（socialactort）及其间的关系的集合。也可以说，一个社会网络是由多个点（社会行动者）和个点之间的连线（行动者之间的关系）组成的集合。"社会网络分析就是要建立行动者与行动者之间的关系模型，描述群体关系的结构，研究这种结构对群体功能或者群体内部个体的影响。现代组织理论的主要特征有以下六点：一是现代组织理论认为，领导人的首要作用在于塑造和管理好组织内有共同价值观的人，强调不拘一格的个人创造精神，强调组织的战略；二是对组织中人的基本需求的看法，人们需要生活得有意义、人们需要对自己有一定节制、人们在一定意义上把自己看作胜利者、在相当程度上行动和行为塑造了态度和信念；三是现代组织理论不是把表面结构作为分析对象，而是把组织中人的行为作为分析对象；四是现代组织理论不是把操作作为主要分析对象，而是把组织中人的行为作为分析对象；五是现代组织理论对领导提出了新的要求，主张领导不应当建筑在权力的基础上，好的领导不要求人们为他个人服务，而是为共同目标服务，主张组织的事业内容是科学家服务；六是注重信息沟通。

　　资源依赖理论作为现代组织理论的重要流派为我们分析学校社会资源的作用机制提供了一个重要路径。资源依赖理论认为，任何一个组织要生存与发展都必须善于从周围环境中汲取资源，与周围环境形成相互依存、相互作用的共生关系。资源依赖理论的核心假设是组织需要通过获取环境中的资源来维持生存，没有组织是自给的，都要与环境进行交换。资源依赖理论认为，各企业之间的资源具有极大的差异性，而且不能完全自由流动，很多资源无法在市场上通过定价进行交易。因此，为了获得这些资源，企业就会同它所处的环境内控制着这些资源的其他组织化的实体进行互动，从而导致组织对资源的依赖性。基于这种依赖性，组织会试图支配他们的环境，并计划创造对偶发事件的反应，努力追求亲密的关系，避免对市场的依赖和对技术化的机会的依赖。该理论强调对环境的影响，强调组织间的关系。现实组织行为中，组织会通过垂直整合来消除与其他组织的共生模式依赖，通过水平扩展，吸收竞争者，以消除竞争中的不确定性，或者通过多样化的策略，扩展到多个领域，以避免依赖单个领域内的主导性组织等。资源依赖理论揭示了组织与环境的依赖关系，使人们看到了组织采用各种策略来改变自己、选择环境和适应环境。资源依赖学派所说的组织环境并不仅是一个客观、实际存在的东西，而是组织及其管理者通过自己的选择、理解、参与、设定而产生出来的，是组织和环境交互作用的一系列过程的结果。面对同一外部环境，不同的组织或者同一组织的不同管理者会有不同的选择、理解、参与、设定方式。因此，对环境的认识不同会影响环境的实际作用，这些都充分体现了"塑造的"环境观的特点。在组织与环境的关系上，组织也获得了充分的主动性。一方面，为了对资源需求做出反应，组织通过修正、操纵或控制其他组织维持自身独立，与其他组织建立联系。另一方面，组织也要努力控制和改变环境因素。比如参与法律、政治性活动和改变合法性的定义等。与交易成本理论一样，资源依赖理论主张采取一种更明确的实现管理动机的政治方法，在自主和生存之间进行权衡。

学校作为一个社会组织，其自身存在着一个复杂的关系网络，且嵌入于社会结构之中，与社会结构中的各种组织（特别是政府、家庭、社区等组织）具有天然的关系，具有复杂的社会关系网络。这些社会网络为学校的生存与发展提供了特殊的"社会环境"。如果这些社会关系网络出现问题，就会影响相关组织作用的发挥，继而影响高校的发展。根据现代组织理论，高校与其网络成员之间不仅存在一定的角色关系，而且还存在着关系网络。高校在获取资源和支持的时候，利用的是多重关系还是单重关系，是强关系还是弱关系？此理论为高校社会资源的集聚拓展了空间，提供了依据。

四、现代经营理论提供了高校社会资源集聚的原则

学校经营是一个近些年才出现并且日益引起理论界和实践界广泛关注的词语。伴随着经济体制改革的日益深化，教育体制改革也逐步展开，政府对学校的直接管理日益让位于间接管理，学校的办学自主权逐渐扩大并逐步得到落实，各级各类学校都被激发出了极大的积极性，他们纷纷应用现代管理思想，促进学校管理的创新和教育服务观念的更新。学者蔡培村认为："以经营的理念来办理学校，其目的在于强调学校是一个动态组织，也是一个开放的系统。其必须适应社会环境的变迁，更必须在达成绩效之外，引导前瞻性的发展策略，一方面除增进学校效能外，另一方面则开创新局，促进社会成长。因此，目前学校经营在概念的范围上涵盖了学校管理。"学者周游认为，学校经营既不同于"经营管理"，也不仅是一种营谋活动，所以把

学校经营（school operating）定义为经营者为了实现教育目标，合理配置教育资源以实现学校效益最大化。周游进一步认为，学校经营包含了一个重要目标、两个重要特质。一个重要目标是：学校经营必须扩张"人的增力"或者说实现人的"知识增值"，形成"人力资源"，也就是按照教育规律完成社会所期望的育人目标，学校就是要通过教育活动培养人。培养人的知识技能，积累知识资源，进而成为合格的劳动力人才，为社会做贡献。两个重要特质是资源配置合理化与效益最大化。资源配置合理化是把既定教育资源和将获教育资源实行最优化配置，从而使教育产出总价值最大化。对诸如教育资产、教师人力资源、教育信息、教学计划、课程、教育竞争力、学校品牌等进行有效的配置、整合，形成优质的教育资源，实现教育产品收益最大化。因为教育资源也是市场的一种稀缺资源，不仅要扩充存量，也要拓展增量，更不能浪费，以保证教育资源配置和利用的最大效能，不断提高教育资源利用效率。效益最大化是将既定的投入或用既定的资源使产值最大，以获得最大的经济收益。每个教育单位或学校都有一定的资源量和投入，会带来经济效益，当然，所产生的经济效益也不尽相同。该理论为高校获取社会资源提供了集聚的原则——资源配置合理化和效益最大化。那么，高校在激烈的教育市场竞争中，如何能达到经营的目的？针对这一问题，该理论提供了解释的依据。

第二节　高校社会资源的集聚效应

社会资源集聚之所以能够提高组织效率，是因为集聚效应的产生。在社会资源的作用日益凸显的今天，社会资源的集聚现象和集聚效应可以在任何性质的组织内发生，但在人才相对比较集中、以提供知识性产品和服务为主的高校组织中，社会资源集聚的现象与效应更加显著。高校的社会资源集聚效应可被分为内部效应、外部效应和负效应。

一、高校社会资源集聚的内部效应

高校社会资源集聚的内部效应是指社会资源集聚所带来的办学条件的提高、知识性人才的培养和核心竞争力的提升。主要表现在：

（一）创新效应

经济学上有集聚效应的概念——劳动和资源等生产要素的集中，会产生向心力，带来更多资源、产生更高效益。创新也有集聚效应，集聚要素、形成氛围就会让成果源源不断涌现，实现创新发展。这样的集聚效应需要政府涵养创新之气：创造政策环境、完善创新硬件，有"好水源"才有创新"好生态"。需要企业提升创新之魂：不是故步自封而是面向市场，不是持盈守成而是开拓进取，创新主体有动力才能走得更远。还需要社会聚拢创新之力：产学研结合，让科技创新与企业碰面、与市场对接，集众智、用众力创新才能飞得更高。但是，创业需要氛围，创新发展也需要氛围。高校社会资源的积累能够促成一致性的发展目标，因而使高校的管理者和参与者平等地分配必需的资源，协调各自的办学行为。中心任务的高度一致性和契合性使得彼此能够携手共进。这就为高校创新创造了一种社会文化环境。这个环境被马歇尔称为创新所需要的"空气"，创新就产生于这种新鲜的"空气"之中，这种创新的空气可以使信息的扩散和利用成为现实。[1]高校创新具有自由、平等、开

---

〔1〕　陈忠裕："集群式创新的公共关系效应分析"，载《中国工业经济》2001年第3期。

放的网络化特性，为教学、科研、管理人员和广大学生提供了无所不在的面对面交流信息的机会，既包括正式的交流，也包括各种非正式的交流。这种交流使信息在高校网络迅速传播，实现知识共享，这就使高校间及高校与相关机构之间的信任与合作成了促进创新的"点金石"，从而取得了合作创新 1+1>2 的"双赢"局面。

（二）激励效应

社会资源的集聚加剧了高校组织内个体的竞争。竞争是保持组织活力的重要途径。这是因为，人是一种社会性动物，离开了群体的环境，单独、分散的个体将难以取得较大的进展。社会资源分布密度如果过分下降，就会容易使人产生惰性，自我满足、不思进取。这样，组织内自然地形成了一种优胜劣汰的机制，这种机制产生生存发展危机感与压力，能够产生持续不断的激励，促使成员不断提高绩效。

社会资源集聚的激励效应也在高校之间发生。因为高校的"商品"都是一样的，都是培养人，为了获取最大的利润而展开了剧烈的竞争。有的高校改变人才培养的策略，走精品化、专业化的道路，使其与其他高校区别开来以获得垄断性收益；有的高校为了抢占更多的学生市场，不断集聚各种社会资源，争取良好的美誉，以此来争夺学生资源。市场竞争使得一些高校在竞争中获得胜利，另一些高校则失去了竞争力。竞争得胜的高校自然有能力为其员工提出更高的报酬，以激励他们在以后的竞争中取得胜利，这些员工自我实现的需要得到了满足，受到了鼓舞。而那些竞争失败的高校则会发现社会资源的缺陷，会要求教职工找出问题所在，总结经验教训，以便在新的竞争中获取优势。失败也会激励他们努力提高自身的社会资源水平。社会资源集聚的激励效应还体现在不同的管理部门和院系之中。

高校内部集聚了具有不同能力、各种形式的社会资源。拥有较多社会资源的部门和院系，在工作中展现出不同的绩效，管理部门和院系内的比较使得绩效好的教职工受到了极大的激励，再接再厉以保持自己的绩效水平和报酬。而那些绩效较差的一些员工则会努力找到差距、看到目标，更加努力地提高自身的素质。

（三）学习效应

激励效应可以激发组织内教职工不断学习、终身学习的欲望和意识，社会资源集聚促进了具有学习能力和适应力的学习型组织的形成。组织内成员在共同的交流和创新中互相学习，通过非正式的交流和正式的合作及时了解教育市场的波动，促进个体乃至高校整体的优化升级。创新的过程也是组织内成员不断交互学习的过程。创新从本质上讲是一个信息的激发、碰撞和交流的过程，是一个产生新观念、新思维和新方法以实现价值增值的过程。同时，基于高校所具有的校园传统文化的根植性，高校内成员在思想观念、思维方式和行为模式上具有相似性，成了同质的人，只有通过持续不断地学习创新才能提高自身的综合素质。同时，根植性所形成的文化认同提供了具有亲和力的组织环境，从而加速了组织内信息的流动，大大提高了集体学习的效率。

（四）成本节约效应

高校基于根植性而形成一致的价值认同，这使得教职工之间因相互信任而不断地进行交流，加速了新思想、新观念、新信息和创新知识的传播，而彼此的地缘、业缘接近则大大降低了搜寻成本。与此同时，高校内部的正式或者非正式渠道有利于促进沟通，减少了合作中的协调与摩擦成本。另外，这种价值认同使得信任成了其主要的治理机制。由于这种以信任为基础的治理机制使高校教职工愿意重新组织彼此的关系以及愿意采取集体行动实现互利，因此削弱了机会主义的倾向，甚至在没有任何正式契约的情况下仍然能保证契约的顺利履行，从而降低了谈判成本和监督成本，提高了合作关系的运作效率。

对高校内的培育对象——大学生——而言，高校社会资源集聚在降低大学生就业成本方面具有特殊的作用。它可以减少大学生的就业环节、缩短求职就业的时间、减轻就业过程中的精神压力，可以以较低的成本获得某些有助于求职成功的资源。以节约大学生求职的信息搜寻成本为例，其具体表现在：一是通过高校的社会资源直接获得就业岗位。这种情形往往是用人单位和求职者直接接触，求职者的信息搜寻成本可以忽略不计，如校园招聘（包括定期或不定期的大型招聘会和小型招聘会），学校组织的实习、社会实践等。二是通过高校的社会资源间接获得就业信息。这时大学生虽仍需对信息进行筛选，以获得对自己最有价值的信息。但从信息获得的角度看，还是节约了不少的信息搜寻成本，如学校的就业信息网、宣传栏，就业信息咨询与个别指导等。而且，通过这些途径获得的就业信息一般比较真实、可靠，省去了大学生对信息甄别的时间，从而也降低了大学生的就业成本。

（五）共担风险效应

高校内的行为主体通过资源共享、优势互补、共同投入、风险共担方式进行合作创新、培养人才，这样既可以克服资源不足的创新障碍，又可以分散风险，提高创新能力和合作效率。特别是高校内成员之间是面对面的共存关系，会形成良好的合作氛围。这种良好的合作氛围有利于个人通过其他成员的知识、技术外溢和从彼此的交流中获得知识和技能提高自己的创新能力。一致的价值认同强化了成员间的相互信任，相互信任激发成员信守承诺、遵守规则，而规范的增强又可避免机会主义行为，促进成员之间的合作，进而降低创新风险。当然，地域依附性和迁移的机会成本影响也使得高校成员一般不会轻易丧失信用，高校成员必须以积极的姿态来维持合作关系决定了高校组织的稳定性和抗风险能力。

二、高校社会资源集聚的外部效应

高校社会资源集聚的外部效应是指社会资源集聚带来的外部经济性。具体表现在：

（一）品牌效应

品牌效应是知识溢出效应的外部表征，知识溢出是知识的非自愿性扩散，是经济外部性的一种体现，是一种"润物细无声"的效应。社会资源集聚带来组织生产和创新能力的提高，在教育领域内不断增强组织的竞争力、影响力和吸引力，不断提高组织的美誉度和公共形象，逐步树立良好的"品牌"形象，促进知识溢出效应的发挥和知识产品与服务的推广。

高校作为教育组织部门，虽然与企业不同，不以营利为目的，但是其发展同样需要大量资金。换言之，高校（尤其是优秀的高校）是需要大量资金支持的，当大学发展资金遭遇困境的时候，外部融资仍然是其必要路径。纵观世界各国高校的融资渠道，一般无外乎政府拨款、学费收入、社会捐赠、科研成果转化与开发收入以及校产经营收入等。在我国，面对持续的高等教育规模的扩大，高校与银行开展了"银校合作"，通过银行贷款补充学校发展资金。就政府拨款而言，由于受到政府部门的财力限制，各国普遍存在供求紧张现象。就学费收入而言，由于受入学者家庭收入来源等诸方面的影响，也不可能无限增长。

从高校的内部网络关系来看，多学科教师与学生之间的交往与互动，学科、专业之间的交叉与融合，学院、系科之间的信息交流与资源共享等都是培养跨学科、多学科人才的重要渠道。从高校的外部网络关系来看，学校与企业的联合培养、高校与高校之间的合作交流、高校与社会整体的互动都是开阔学生视野、提高学生实践能力、培养创新型人才的必要路径。从制约高校内外部网络关系的非正式制度来看，培养创新意识是培养创新型人才的前提和基础，而创新意识绝不是仅靠正式制度的规制就可以形成的。事实上，就知识发展本身而言，高校中各专业培养人才再也不可能紧闭门户，躲在"象牙塔"之中。当前，关于知识有两种说法已经广为人知：第一种说法是知识学科互涉，日益严重的社会问题和技术问题，学术研究的突破，新的奖学金的提供，以及学科的新要求，都预示着学科互涉时代的到来。第二种说法是边界跨越，它已经成为这个时代的明确特征。传统知识观形成的边界强调学科间边界的形成和维持，倾向于将边界跨越看作一个悖论之物，已经不能够适应知识的发展。无论是学科互涉，还是边界跨越，都需要高校培养人才的活动跨越广阔的物理空间和社会关系。唯此，高校所培养出来的人才才能够适应知识的不断发展、才能促进良性循环，实现品牌效应。

校园文化是指高校在长期发展过程中逐步形成的群体意识、价值取向和行为规范等一系列的文化现象。高校校园文化一般被分为两种类型：一是显性的校园文化，主要包括教育目标、课程文化、校园舆论、校园环境、校园风貌等；另一个是隐形的校园文化，主要是指高校形象、价值观念、校风学风等，也可以理解为一所高校的整体精神和发展理念。作为一个由管理者、教师、学生、校园景观等众多要素构成的开放系统，校园文化在高校内部关系网络和外部关系网络进行信息、物质交换的过程中，常常强烈地表现出调节约束、集体意识功能和教育导向功能。就培养人才而言，良好的校园文化有利于健全学生的人格，有利于规范学生的言行举止，有利于引导学生发挥在自我教育活动中的主体作用。换言之，培育高校校园文化是高校自身建设优良学风校风、优化育人环境的必要途径，是实现高校培养目标的重要平台，也是促进学生全面发展的丰厚土壤。信任、团结、合作、互助的高校氛围是高校非正式制度长期积淀的结果。就高校内部网络关系而言，培育高校校园文化既需要管理者、教师、学生等活动个体之间的广泛交流，也需要学生社团、群众组织、学术沙龙等团体之间的合作互动。多样的高校内部网络关系互动有利于增加内部人员之间的了解和认识，有利于形成一致的价值取向、理想情操、道德规范，有利于形成高校群体的文化意识和文化品格。就高校外部网络关系而言，培育高校校园文化需要社会（尤其是校友）的价值认同。高校在与外部网络关系的互动中会将自身独特的文化品格辐射到社会。同时，社会公共舆论也会对高校校园文化建设起到引导作用。其中校友是联系高校内外关系的主要桥梁和纽带。优秀校友的精神反哺（在校学生的学习榜样）和物质反哺（校友捐献）都是培育高校校园文化的阳光和雨露。

（二）规模效应

当社会资源集聚数量与质量达到一定程度时便会产生集聚的规模效应。这种规模效应表现为集聚的规模经济性。规模效应为市场分工提供了可能，使每所高校专注于提升自己领域内的技术和专业。这有利于提高生产和创新的速度与效率，同时也有利于社会资源的积累和知识的完善，使得社会化大生产更加优质、高效。社会资源集聚体内的协作又可以实现社会资源组织之间的资源优势互补，弥补了单个组织个体的缺陷与不足，从而产生出一种单个、分离的组织个体所无法比拟的生产力和创新力。资源配置与整合极大地激发了内部成员的积极性与潜能，产生了集聚体内的协作效应。

随着经济、社会的迅猛发展，科技创新呈现出新的发展趋势。如创新的步伐逐步加快、创新成果的周期不断缩短、创新的难度逐渐增大、创新的成本越来越高、创新的跨领域特征日益彰显，大量的创新活动产生在"学科互涉的边界地带"。面对这些新的发展趋势，学科互涉现象与科技创新态势都要求构建多学科、跨地域的科研联盟。高校作为科学研究和科技创新的重要基地，同样需要合作研究。高校科技创新不仅需要高校内部科研人员之间的合作研究，还需要与校外人员的广泛合作。在美国，由国家科学基金会资助的工程研究中心和科学技术中心就是这种新联盟的重要例证。工程研究中心项目的设立目标是建立学科互涉研究中心，通过工程学与科学学科的联合解决被视为下一代技术体系关键的根本性研究问题。这种以强调团队研究来解决学科互涉性问题的研究中心所牵涉的机构往往有许多个。如北卡罗来纳州州立大学和其他北卡罗来纳机构的先进电子材料处理中心、得克萨斯农业与机械大学和奥斯汀得克萨斯大学等。科学技术中心会把所有来自学术机构、非营利部门、工业与政府实验室的学生、学家和工程师融为一个混合团体，跨越科学类型基础和应用、研究方式试验、计算、理论和社会部门工业、政府和高校等多重边界，形成一个由众多研究型科学家组成的"没有围墙的中心"。这种以高校为中心的新科研联盟并非美国独有，其在英、法等国家也如雨后春笋般地次第萌生。

开发和利用社会资源是弥补高校物质资源不足的必由之路。

一方面，来自学校外部的社会资源为学校提供的捐赠可成为对经费、物质资源的有力补充，可以在一定程度上缓解学校办学经费不足的困境，促进教育教学活动更有效地开展。另一方面，校友为学校校庆等大型活动提供资金、资源可以有效地补充学校经费的不足，对学校产生有利影响。争取教育经费和教育资源已成为我国高等教育发展过程中最突出的问题，是否有稳定的资源摄入以及储备的战略资源对一所高校的发展而言至关重要。不同类型的高校，其办学目标不尽相同，但所有的高校都要获得经费支持才能生存和发展，不光学校基础设施建设需要经费、引进人才要提供优越的福利待遇、科研项目和课题的开展也需要经费。在当前，一所高校拥有一支高水平的师资队伍，有充足的发展资金是其具备高水平办学条件的重要原因。面对我国一直以来存在的高等教育经费短缺的客观现实，许多高校纷纷通过多种渠道筹措资金，其中主要的渠道是向银行贷款。但是，随着高校贷款数额的增大，还贷周期长、贷款利息低等不利因素的凸显，许多银行开始拒绝向负债累累的高校继续贷款。在这样的情形下，社会资源理论针对网络、社会资源、社会结构的有关研究非常契合当前高等教育与高校发展的突出问题。积极开发高校的社会资源可以成为学校获取经费的来源，获得长远发展的可能路径。

三、高校社会资源集聚的负面效应

高校社会资源集聚也可能产生负面效应，这是因为社会资源集聚具有循环累积的特点，会产生"贫者愈贫，富者愈富"的极化效应。事物的双重性意味着任何发展都摆脱不了自然辩证法的属性。具体来说，根据事物的双重属性，高校社会资源一方面具有自身不可避免的负面效应，另一方面则是高校社会资源的正面效应在一定情况下也会转向负面效应。譬如，高校社会资源在促进高校融资、为高校带来发展所需的稀缺资源的同时，也会转化成外部对高校施加压力、干扰高校的学术自由和学术自治等。这种负面效应表现为：

（一）拥挤效应

社会资源集聚是要与区域的经济发展水平与吸纳能力相适应的，社会资源的集聚具有自身的规律，受到多种因素的影响与制约。一方面，社会资源的组织个体往往只知道集聚区域的位置与规模，却无法确切地知道该区域是否有这种社会资源的市场需求。因而，其对于区域的选择往往带有一定的盲目性。这种盲目性导致了某些社会资源在区域的过度积累，供过于求。从社会角度来看，这种盲目性将导致社会资源被严重浪费，迫切需要那些社会资源的组织将得不到相应的资源，而一些地区社会资源却可能供过于求。这就加剧了集聚区组织间的竞争。从个体的角度看，这种盲目性导致了社会资源价值无法实现，使得组织个体生存发展受到挫折。这种挫折会威胁到组织的稳定，甚至产生狭隘的地方保护主义、小团体，极力排斥外部社会资源的进入。高校社会资源集聚不同区域、不同校园文化的社会资源组织，这就会不可避免地发生地区、高校冲突。如果这些冲突没有得到妥善的处理、良好的化解，势必会影响到社会资源集聚区组织功能和整体性能，更不用说发挥协作效应了。

（二）滞后效应

社会资源集聚在存在盲目性的同时，往往存在着社会资源培育的滞后性。这种滞后性也会带来过度竞争，导致社会资源的内耗。集聚区域扩张的速度往往要滞后于社会资源集聚的速度，使得过度集聚同时带来了对集聚区有限土地资源的争夺，抬高了集聚区内的居住成本。社会资源过度集聚还会带来环境的污染，恶化当地的生态环境，降低集聚体内成员的生活质量，破坏社会和谐。

随着高校组织管理机构的日趋复杂，高校内部也开始出现不同等级的管理阶层。一般来说，高校内部的等级阶层不同，它们所拥有的社会资源存量也不相同。等级层次高的组织或个人可以调动和利用的社会资源也相应较为丰厚，从而使他们在发展中往往处于更加有利的位置。相反，等级层次低的组织和个人可以调动和利用的社会资源也相应较为贫乏，从而使他们在发展中往往处于不利的位置。长此以往必然会造成高校内部组织和个人社会地位的不平等，进而会使高校内部出现一些弱势群体和个人。这些弱势群体（如创收低的管理单位或院系）可能会产生对强势群体的崇拜和盲从心理，进而使高校各院系发展趋同，使管理单位不能安于本职工作。如果效仿不成，则可能产生嫉妒心理，不利于团结，或者因沦为高校的边缘而丧失信心。同样，发展处于弱势的个人也会产生对强势个人的盲从和崇拜，进而压抑个人的创新精神。与此同时，伴随着高校等级制管理的日益加强，高校发展计划也越来越多，高校内部许多刻意的结合也在不断增加。然而，太多、太刻意的计划，太多、太刻意的结合都会摧毁作为进步的最终基础的个人自由。不可否认的是，轻松、自由地交往具有积极的促进作用，而刻意安排的合作则会令有真才实学的学者避之不及。换言之，刻意安排的合作只能吸引平庸之辈，绝不能吸引具有创造性思想的学者。这也就意味着，并不是所有的合作都是对高校发展有利的。

事实上，不但高校内部社会资源存在不利于高校发展的一面，高校的外部社会资源同样也存在着不利于高校发展的一面。高校外部社会资源在获取外部融资和广泛社会支持的同时，也会受到来自外部世界的诸多负面的影响和牵制。从高校与国家的关系来看：一方面，国家为高校发展提供了有限的经费支持；另一方面，国家正在逐步加强对高校的正式制度制约、绩效评估以及政治意识形态的影响。从高校与社会的关系来看，虽然高校走出传统的"象牙塔"而步入社会发展的"轴心"，为高校发展提供了更多、更广的机遇和资源，但是外部社会的诸多纷扰也正在侵蚀着高校的机体。作为研究高深学问的场所，高校正日益成为社会发展的"风向标"。这从高校的入学标准和开设课程中便可窥一斑，美国芝加哥大学各学院的入学标准为多个"学分"，其中以上的学分由速记、打字和簿记等科目组成。威斯康星大学记入人文学士学位课程的有"编辑技巧""零售广告"等，计入理学士学位课程的有"护理术""药店实习""社区娱乐"等。诚如弗莱克斯纳所言，把速记和簿记"计"入大学的入学要求，不会比把修指甲、剪短发和跳足尖舞计入大学入学要求更有意义。本科生将一去不复返地把宝贵年华用在诸如"销售方法""零售广告"等课程上，这预示着大学正在自甘堕落。事实上，高校并不是不清楚雕虫小技、职业训练、实际经验和理智发展之间的区别。这些入学标准的制定和课程开设在一定程度上是高校与社会错综复杂的联合的产物。从高校的长远发展来看，如何规避由社会联系带来的方向迷失，摆正高校的航程是非常重要的一个课题。

基于上述分析可知，高校社会资源集聚是高校可持续发展的有效路径，在社会转型时期显得尤为必要。在现实当中，为实现更快、更好发展，我国一些高校在有意或无意地运用社会资源，这已是客观事实，问题只是成效的高低。

第三章

高校社会资源的现状

高等教育领域的社会资源集聚研究还不成熟，特别是社会处于大发展大调整转型时期，由于缺乏正确的认识和系统的理论指导，高校在社会资源集聚的过程中还存在不少问题。

第一节　高校社会资源集聚

目前，由于对高校社会资源的研究还处于起始阶段，许多高校对社会资源集聚的认识还不深刻、不充分。主要表现为：首先，把"走后门"等违背社会价值规范的所谓"关系"看作社会资源。弗兰西斯·福山认为，诸如"走后门"以及裙带关系、黑社会性质组织的关系网络等违背社会价值规范的所谓"关系"根本就不是社会资源，而是"社会资源赤字"。[1] 社会资源并不是简单的个人社会网络关系之和，而是在良性的行为规范约束下形成的社会网络关系。

有学者认为，学生、校长、校园文化、教师以及与社区的联系等方面相互积累就是高校社会资源集聚。学校社会资源的

---

〔1〕〔美〕弗兰西斯·福山：《信任——社会道德与繁荣的创造》，李宛蓉译，远方出版社 1998 年版，第 37 页。

形成：一是通过培养高素质的学生积累社会资源。陈坤认为，对单个学校而言，学校社会资源积累的重要途径是培养高素质的学生。二是通过加强学校的教学和科研工作造就"名师""名校长"。学校教学和科研的成功需要学校具备一批各学科的领军人物。学校培养出的名人会形成名人效应，名人效应的累积可扩大成为名校效应，而名校效应又能促进学校诞生更多的名人。三是培育独具个性和特色的校园文化，建立新的校园价值体系。这个新的校园文化和价值体系要符合经济全球化的要求，体现教育产业化发展的大趋势。整合传统的价值体系，培育一种新的大家认同的新价值体系，学校和学校个体依托这种新的文化和价值体系去构建学校资源，沟通协调学校之间，学校与当地政府、社区之间的关系，提升学校的竞争力。四是正确引导老师走出"象牙塔"，走出自我封闭的圈子，不断累积社会资源。五是与社区建立更为密切的关系，学校对所处的社区要承担一定的责任，学校与学校所处的社区应建立固定的联系渠道。六是校长人格魅力所构成的信任机制。

有学者认为，高校社会资源就是校长或教师对学校社会资源积累的影响。庄西真认为，校长在学校社会资源形成和发展过程中的作用非常重要。校长的态度、能力和行政级别都会影响校长的能动性。杨跃认为，教师对学校社会资源的形成负有重要责任。他认为，学校内部关系网络作为学校成员理性选择的结果，维持关系网络的稳定来自互惠和信任的预期，是各种有着自我利益的人互动产生出来的。学校教师作为学校教育工作的主力军，其个人的道德意识、敬业精神、对教师职业的承诺、对学校组织的承诺、工作满意度等都影响着教师员工之间的互惠和信任预期。

还有学者认为，我国当代高等教育实践中高校社会资源的积累和运营：首先，要促进高校的国际化，促进高校与政府、企业建立密切的三重螺旋模式，促进高校与社区及其个人或组织机构（如私人团体、高校、科研机构、中学、中介组织等）的互动，加强高校外部关系的联合。其次，要通过防止高校日益官僚化、密切师生关系、处理好党政（主要是书记与校长）关系，促进高校内部关系的整合。最后，要完善高校法制、弥补非正式制度的缺失，弘扬大学精神，形成独特办学个性，实现制度构建发展的均衡。影响学校社会资源的因素有很多，诸如多样化的领导、学校的历史、人口统计背景、区域教学和教育政策等。但领导规则被认为是重要的。目前我国关于领导规则的研究很少。社会资源包括内在形式和外在形式。内部社会资源与专业团体相联系。这些专业团体有五种类型。外部社会资源如与高校建立的伙伴关系、与外界顾问或专家的合约等。

大多数高校重视物质资源建设，忽略了社会资源的构建。"社会资源基本上是无形的，它表现为人与人的关系。"[1] 存在于关系之中是社会资源与其他资源的关键性区别，也是讨论社会资源的关键点。"经济资源体现在人们的银行账户上，人力资源存在于人们的头脑中，而社会资源内生在人们的关系结构中。一个人要拥有社会资源必须要与其他人有联系，正是这些他人，而不是他自己是其优势的实际来源。"正因为如此，学校普遍存在"重视物质建设、轻视社会资源建设"的倾向。近些年，我国各级、各类高校在经济迅速发展、高等教育大众化、教育经费逐渐市场化的背景下，办学的物质条件得到了很大改善。主要体现在：校园面积迅速扩大，许多学校改建了老校区、筹建了新校区，大楼越盖越豪华、设备越来越高档、设施越来越完

---

〔1〕 Ruth Hayhoe, *China's University*, 1895~1995: *A Century of Cultural Conflict*, Garland Publishing, Inc, New York. 1996.

备、校园越来越漂亮，有些学校甚至达到了奢华的程度。

与豪华校园建设形成鲜明对比的是，许多学校在师资培训、"大师"培养上少见作为。许多高校对教师培训的支持力度不够，甚至连教师的培训费也不给报销。著名专家教授（特别是在我国拥有最高学术荣誉的院士）对学校提升知名度、提高社会地位是十分有用的。对此，钱学森先生曾从一个方面提醒我们，我国学校为什么没有培养出大师级人物。他说："现在中国没有完全发展起来，一个重要原因是没有一所高校能够按照培养科学技术发明创造人才的模式去办学，没有自己独特的创新的东西，老是'冒'不出杰出人才。这是很大的问题。"归根结底，人们认识的偏差导致人们以偏概全，从而使高校社会资源流于形式，甚至遭受社会的声讨和谴责，更无法得到充分开发与有效利用。很多管理者常常抱怨自己不愿意却又必须违心从事某些"交易"就是这种认识偏差导致的现实例证。

第二节　传统的社会资源形式

我国是一个传统主义大国，传统文化根深蒂固，中国传统文化具有如下特征：

首先，强调社会的优先地位，个人对家庭和群体利益的服从，家庭是社会资源的主要载体等。中国文化是依赖以宗法制度为特征的中国传统社会政治机构并在其上发展起来的。所谓宗法，是以一定血缘关系为基础，标榜尊崇共同祖先，维系亲情，在宗族内部区分尊卑长幼，并规定继承秩序以及不同地位的宗族成员各自不同的权利和义务的法则。中国社会的宗法制特征，主要表现在：重伦理、重政治。这种范式所带来的价值是使中华民族凝聚力强劲，注重道德修养，比较重视人与人之间的温情，成为举世闻名的礼仪之邦。同时，重视政治的传统文化范式带来的正价值是中华民族的整体观念，国家利益至上，民族心理上的文化认同，文人学士的经世致用的思想等。中国传统文化是在以宗法制度为特征的中国传统政治机构上发展起来的，所以宗法体系带来了宗法观念。

其次，我国传统社会的人际关系以己为中心，像石头一般投入水中，和别人联系成社会关系，团体中的分子都立在一个平面上，像水的波纹一般，一圈圈推出去，愈推愈远，也愈推愈薄。在这样一个富于伸缩性的网络里，随时随地有一个"己"作为中心，这并不是个人主义，而是自我主义。"己"者，只有在"关系"中才有其意义。"己"是一种关系体，"己"的这种人格非独立性是通过人的社会化形成的。这样的"己"不同于西方的"自己"，可以描述为"家我"（family oriented self），其内外群体界限是相对的。在这种差序格局中，站在任何一圈里，向内看可以说是公、是群，向外看可以说是私、是个人。[1]以己为中心的差序格局实际上是家庭血缘关系的延伸和扩展，具有继承性和排他性。社会资源的不同存量和不同广度表现为家庭社会经济地位的等级之分，它控制着不同层次的"关系资源"。我们在构建社会资源时既要注意保持传统社会资源中有利因素的存量，也要运用法制手段逐渐使传统社会资源中的不利因素进行现代化转型。

最后，中国传统文化中有"尊师""重教"品格。韩愈在《师说》开篇论证了教师的重要作用。他认为："古之学者必有师。师者，所以传道授业解惑也。人非生而知之者，孰能无惑而不从师，其为惑也，终不解矣。生乎吾前，其闻道也固先乎

---

〔1〕　孙立平："'关系'、社会关系与社会结构"，载《社会学研究》1996 年第 5 期。

吾，吾从而师之生乎吾后，其闻道也亦先乎吾，吾从而师之。吾师道也，夫庸知其年之先后生于吾乎是故无贵无贱，无长无少，道之所存，师之所存也。"这段话成了国人至今吟诵不已的千古佳句。事实上，在中国传统文化中，教师的地位一直是崇高的。《礼记·礼运》提到"天生时而地生财，人其夫生而师教之。四者君以正用之"。把教师的地位与"天、地、君、亲"看作同等重要。荀子则将尊师重教论述得更加充分。他认为："国将兴，必贵师而重傅，则法度存。国将衰，必贱师而轻傅，则人有快，人有快则法度坏。"由此可以看出，荀子将是否尊师与国家兴亡、法制存坏直接联系起来。中国历代尊师的故事更是绵延不绝，远有颜渊的"尊师如父"、杨时的"程门立雪"等掌故，近有毛泽东与徐特立、鲁迅与藤野先生等佳话。

重教是中国传统文化中的又一优良品格。人之为人，必须接受教化。在孟子看来："饱食、暖衣、逸居而无教，则近于禽兽。"在官学一统天下的时代，孔子首办私学，并提出"有教无类"的教育思想，改变了"学在官府"的局面，打破了贵族对文化教育的垄断，开启了"学术下移"的风尚。自此以后，天子失官，学在四野，重教之举，蔚然成风。古人重教的方式各不相同，但是捐资助教之风一直经久不衰。据史料记载，子贡是春秋时期著名的儒商，也是孔子最为得意的弟子之一。他经商于曹、鲁之间，家系千金，所到之处"国君无不分庭与之抗礼"。他曾随孔子周游列国，可以想象，在那个年代，如果没有子贡的资助，孔子的周游列国的旅费食宿费从何而来？是子贡为孔子实现其理想提供了必要的经济基础，否则孔子将难行其道。及至唐宋以降，私人捐资助学不断兴起，其中出现了由民间设立的供读书治学的场所——书院。书院不但得到了官府的资助，而且官员、绅士、商人等捐田、捐款、捐物也是书院经费的一项重要来源。到了近代，私人捐资助学更是一种普遍现象。南洋公学创办者盛宣怀，南通学院创办者、状元商人张謇，厦门大学创办者、爱国华侨陈嘉庚等都是私人助学的经典案例。之后伴随着社会主义计划经济的形成，教育被完全纳入政府的管理之内，私立教育机构被全部取缔，私人捐赠教育之风也随之销声匿迹。这种教育管理体制的转变以及捐赠传统的断裂，对中国高校社会资源的积累造成了极大的负面影响。伴随着国家对教育的逐步重视，以及教育管理体制的转变，民办教育机构开始次第兴起。目前，私人捐资教育虽然还未形成热潮，但是捐赠传统开始复苏已经成为不争的事实。

第三节　高校对外公共形象

一般认为，学校形象是指社会公众对学校的总体认识和评价。知名度、美誉度和定位度是评价学校形象的三个指标。良好的学校形象是学校的无形财富。从学校外部来讲，良好的学校形象有助于形成学校发展的外部优势；往往能够获得社会的认可和政府的支持，从而有利于外部社会资源的集聚。外部社会资源集聚良好的高校往往生源充裕，筹措资金方便，优秀人才纷至沓来，学校发展蒸蒸日上。因此，良好学校形象的塑造可以提高学校的信任度和美誉度，扩大对社会的影响，从而引起社会各界对学校更加广泛的关注、理解和支持，进而有力地推动学校发展。从学校内部来讲，良好的学校形象有助于学校发挥内部优势，形成和谐的心理氛围，促进师生员工产生强烈的认同感与归属感，增强学校凝聚力，使师生员工更加热爱学校，竭尽全力地工作和学习，推动学校不断向前发展，实现高校内部社会资源集聚。

高校形象是高校内在的本质特征与外显的社会影响相结合的产物，是社会公众对高校的整体感受和综合评价。沈红教授将高校形象具体分解为三个方面：①高校形象有内有外。"内"既可是高校内部人士对学校的感觉和评价，也可指不容直观的高校精神、风格和文化；"外"既可是高校外部的社会公众对高校的感受、评价和接纳，也可指高校外显的、可直接感知的、可视的方方面面。②高校形象有动有静。"动"体现高校发展进程中形象的形成与保持的动态过程；"静"反映高校演化的瞬间定格和断面图案。③高校形象有浅有深。"浅"可谓短期的轰轰烈烈，是人们依据高校活动的某些表象而作的主观判断；"深"是人们依据高校发展目标，持久地、锲而不舍地对客观事实做出的综合判断。高校的公共形象体现了高校发展的道德向度，蕴含着利益相关者对高校发展价值的认同。

第四节　高校社会信任

高校作为理性的、能够自我发展的行动主体，社会资源是高校组织积累和利用学术关系网络获得学术资源的关键环节，获得社会资源是高校组织行动的结果。在社会资源行动过程中，高校组织对资源的目的性要求转变成了高校通过建立与相关组织的关系来获得。

古今中外，信任为高校组织带来了丰厚的社会资源，高校组织也以出色的表现回馈于国家和社会。国家与社会的信任既是高校组织希望的，又并非高校组织自身能够决定的，因而信任本身是非常难得的。在高校组织外部，社会公众对高校学术水平的尊重和信任、对高校承担国家发展重任的理解与信任、对学者团队和管理团队能否办好高校的信任是高校组织发展必不可少的关键因素。在高校组织内部，基层行政组织与学术组织之间、不同学术组织之间、学术组织内部的信任都是非常宝贵的财富。在教育过程之中，对教授学术水平乃至其人格的信任、对学生的理解尊重和信任、师生之间的相互信任、对教育效果的期盼和教育制度的信任都是促使教育成功的关键因素之一。

　　现实中，高等教育领域（特别是高校）的社会信任整体上还是比较好的。比如，政府作为各级公立学校的举办者和管理者对学校还是基本满意的，对广大教师所付出的艰苦劳动和巨大贡献是认同的，社会各界在捐资助学上表现出了极大的热情，学生家长不惜投入巨大的物质资源，以极大的期望送子女到各级各类学校接受教育，这使得我国的教育无论是教育的办学条件还是各级教育的普及率都处于中华人民共和国成立以来的最高水平，这一切都是政府、家长以及其他各界对学校信任的表现。

第五节　高校自治

　　学校行政级别问题是一个十分复杂的问题，涉及我国政治体制、教育体制、传统文化等方面，不能仅把"板子"打在学校甚至校长身上，在目前，学校或校长保留行政级别对于学校获取社会资源是有一定的作用的。但是，学校是一个育人机构，特别是高等学校还负有科学研究和社会服务的使命，学校中的教师（特别是在科研上有成就的教授）在学会、协会、编委会、社联、科协、评审委员会等担任一定的职务对学校提高知名度、提升美誉度、赢得社会尊重、获得社会声望、促进学校发展是十分有帮助的。笔者在访谈中了解到，一些学校怕这些老师参加有关学术活动花钱而不怎么支持，甚至不向有关学会推荐人选。

　　另一方面，高校隶属于地方教育部门，为了获得更多的社会资源，很多高校过度重视政府的评价，而对民间组织给予的荣誉则不怎么看重。这些年，由于学校间竞争的加剧，许多学校开始有了这些意识，但是大部分学校（尤其是学术水平高、政府支持力度大、知名度高的学校）对来自民间的评价往往看不上、瞧不起，甚至不理会。学校通常参加社区的活动不够积极，不善于或者不习惯与基层民众打交道，甚至拒绝有关一些社会中介组织举办的有关诸如评比、调查等活动，殊不知"金杯银杯不如老百姓的口碑"。

高校外部社会资源是指高校从外部网络关系中获取的资源，它主要表现为垂直网络关系和横向网络关系两个方面。在垂直网络关系中，高校获取资源的主要对象是政府和主管部门，也就是通常所说的政府拨款。一般而言，在一个国家内，自治性较强的高校往往能够激发内部活力，具有较强的教学、科研、服务的能力，这种能力反过来会使它们在获取国家纵向经费中占据较为有利的位置。20 世纪 70 年代后期，伴随世界范围内经济危机的爆发以及高等教育规模的持续扩张，各国政府已经无力支付庞大的高等教育机构运营经费，纷纷推出多元化筹集经费的政策和措施，鼓励高校从非政府渠道吸取发展资源。这就意味着，高校从垂直关系网络中获取稀缺资源的发展空间是有限的。换句话说，横向关系网络将会对高校资源运营产生深远的影响。而高校能够自我管理、自我决定内部事务的权力强弱将直接关乎高校从横向关系中获取资源能力的高低。与国家政府资助研究开发经费的倾向性相同，自治性较强、办学声誉高的高校在获得私人、慈善机构等的捐款，在扩大招生生源范围，接受各类"基金会"提供的资助以及与公司企业联合进行研发等方面都具有得天独厚的优势。

丧失了人事自治权的高校不可能激发内部人员的积极性，

也不可能从外部吸引更多的优秀人才。丧失了财政自治权的高校不可能合理调配内部资金，也就失去了主动与外部建立联系的积极性。丧失了招生自治权的高校不可能扩大生源范围，吸收海外留学生资金。丧失了教学科研自治权的高校不可能建立"产、学、研"相结合的多重网络关系，也就很难屹立于世界高校的网络之中。一言以蔽之，高校如果想充分发挥自己的潜能，适当的自治是根本。

在这里，我们强调高校自治对高校社会资源积累的重要性，并不是倡导高校获得完全意义上的自治权。事实上，高校作为社会上的一个组织机构，它自产生以来就不存在完全意义上的自治。换言之，高校自治是有一定限度的。这是因为，就高校内部而言，我们并不能够保证实现了完全意义上的自治，高校就不会自行其是，以及由此带来的散漫、偏执保守、排斥改革等种种弊端。就高校外部而言，高校发展对于社会发展而言至关重要，国家绝不会允许高校完全自治。正如布鲁贝克所言，就像战争的意义太重大，不能完全交给将军们决定一样，高等教育也相当重要，不能完全留给教授们决定。此外，完全的自治必须要求完全的经费独立，而这对于高校来说是根本不可能的。所以，按照"谁付账，谁点唱"的经济原则，高校不得不接受外部力量的制约。因此，无论从高校内部来说，还是从高校外部来说，都需要正式制度的规制。如果高校内缺乏正式制度的规制，高校就有可能因内部涣散而消亡，如意大利的萨莱诺大学。如果高校缺少外部正式制度的监督，高校就有可能走向保守和封闭，从而遭到社会的遗弃，如法国大革命时期的巴黎大学。"皮之不存，毛将焉附"，同理，高校机构消亡后，谈及高校社会资源也将变得毫无意义。事实上，加强高校内外部正式制度建设对于高校社会资源积累同样重要。

第四章

集聚高校社会资源的影响要素

本章作为本书的重点章节之一，主要针对高校社会资源集聚机制进行阐释，社会资源能否实现从非集聚化到集聚化的演变受到诸多要素的制约。这些要素通过影响高校社会资源的生成、积累、传导和强化机制决定高校社会资源集聚化的进程。社会资源从低水平到高水平的演变是一个复杂的状态转移过程，诸多要素都对这一进程施加了影响。笔者参考企业集聚化的理论，把影响要素分为信任要素、规范要素、网络要素，分别对应社会资源集聚化进程中的信任集聚化、规范集聚化和社会关系网络集聚化。

第一节　信任要素

信任是一种稀缺物品，它能够自然地产生，也很容易被破坏。它能够通过坚定地采用开放而且诚实的方式而形成。即使在黑暗中，信任也能大放光芒，释放出巨大的能量、革新力和创造力。同时，它还是获得满足感和成就感的必要因素。

一、信任的概述

信任是人类社会的一种普遍现象，但人们对其进行系统的

研究还是比较晚近的事情。20 世纪初期，社会学家涂尔干对
"团结"等信任问题进行了研究。20 世纪中期，齐美尔对诚实
问题展开研究；彼得·布劳在社会交换理论中认为信任是稳定
社会关系的关键要素；帕森斯在对承诺的研究中提到了社会关
系中的信任和不信任。但直到 20 世纪 70 年代，信任问题才成为
社会学的一个专门研究课题。最早对信任进行系统研究的是德
国社会学家卢曼。他的《信任与权力》以及《熟悉、信赖、信
任问题与替代选择》被认为是信任研究的经典著作。

　　针对信任与社会资源的关系，美国学者福山明确指出，社
会资源是由社会或社会的一部分普遍信任产生的力量。它不仅
体现在家庭这种最小、最基本的社会群体中，还体现在国家这
个最大的群体中，其他群体也同样体现这种资源。

　　（一）信任的概念

　　人们从不同的角度和领域对信任进行了不同的界定。有关
研究认为，人们对信任的界定角度有个体期望角度、人际关系
角度、经济交换角度、社会结构角度、伦理角度。对此目前还
没有一个被公认的定义。卢曼认为，信任是对产生风险的外部
条件的一种纯粹的内心估价。吉登斯认为，信任可以被定义为
对一个人或一个系统之可依赖性所持有的信心。在一系列给定
的后果或事件中，这种信心表达了对诚实或他人的爱的信念，
或者对抽象原则技术性知识之正确性的信念。郑也夫认为，信
任是一种态度，相信某人的行为或周围的秩序符合自己的愿望。
它可以表现为三种期待：对自然与社会的秩序性、对合作伙伴
承担的义务、对某角色的技术能力。它不是认识论意义上的理
解，它处在全知与无知之间，是不顾不确定性去相信。林聚任
认为，信任是一种人们在社会交往中所持有的可能性，是行动
者在缺乏足够的客观依据、面对风险选择时的一种主观倾向和

期望。但信任本质上表现为一种社会关系，其根植于社会制度与社会结构之中，并随社会结构的变化而具有新的特点与内容。综上可见，信任是一种内心判断，是对合作伙伴的一种信心。

（二）信任的价值

信任作为社会资源的一个指标，决定着个人或组织的社会资源的存量，影响着个人和组织从事互惠互利集体行为的能力，并影响着社会的总体发展状况。

1. 信任是社会简化的一种机制

面对极其复杂、千变万化的生存环境，没有哪一种生物能获得完全的信息，其决策都靠对世界的简化。简化复杂，是生物（包括人类），基于生存需要进化出的战略。其原因在于世界（或曰环境）过于复杂，且包含着未知和变幻，而人类的理性以及其他物种的能力都是有限的。无论是环境中完备的信息不包含未知还是非完备信息包含未知和变幻，都迫使人类以及其他物种发展出了一种特殊的策略去应对它。人类作为最高等生物，凭借着建立一种与世界相对应的简化的系统去适应生存的环境。其手段是靠着意义来简化复杂。人类创造的这些手段包括信任、语言、金钱、权力、权威、标签、声誉、考核、分数等。根据卢曼、郑也夫的研究，人们是凭借已经成为确定和不变的过去预测现在和未来的，过去与熟悉有着密切的联系，人们正是以过去推论未来、以熟悉推论不熟悉。信任作为一种简化的机制，夸大了过去的信息，增加了对不确定性的宽容，从而也增加了人们行动的勇气和可能性，完成了对现在的超越。卢曼指出，信任通过超越可用的信息以及把行为期待一般化，以内在有保证的安全感取代缺失的信息可降低社会复杂性。

2. 信任是建立社会秩序的工具

社会特别是现代社会具有高度的相互依赖性，在建立社会秩序方面对社会信任具有更强烈的需求。正是现代社会的分离性与脱域性导致了现代社会是一个符号系统（如货币和专家系统）主宰并有着时空分割性的社会，因而信任扮演着越来越重要的角色。信任之所以能成为建立社会秩序的主要工具，是因为信任可以使一个人的行为具有更大的确定性。而增加行为的确定性又是通过信任在习俗与互惠性合作中扮演的角色来完成的。信任早已成为人格中的重要品德而进入习俗。习俗不仅在成长期塑造着人格，并且在其后靠着对违约和失信者施加的社会压力约束着人们的行为。互惠性合作需要信任去坚定相互合作的信心。即使人们信任金钱和货币，也是对社会秩序信任的一种表现。正如齐美尔所说："金钱的占有所给予个人的安全感是对会—政治组织和秩序的信任的最集中和直接的形式和体现。"所以，信任是人类文明大厦的基石、维持社会秩序的基础。

3. 信任是社会关系的黏合剂

由于社会关系是由各个关系方通过长期的交往建立起来的，而各交往方之间的信任关系直接决定着其交往的行为，正是这种相互间的信任把社会关系中的各交往方黏合在一起。没有人们相互间享有的普遍信任，社会本身将瓦解。几乎没有一种关系是完全建立在对他人的确切了解上的。如果信任不能像理性证据或亲自观察一样，或更为强有力，几乎一切关系都不能长久维持。信任关系是与现代性相关联的、扩展了的时空伸延的基础。

4. 信任能给组织带来"信任红利"

信任之所以能给组织带来"红利"是因为信任作为一种合

作机制，能对一定范围内的人际关系和组织关系加以整合，通过限制机会主义行为，提高利用率，激活、放大有限的人力资源，降低个人和组织的经营成本。美国学者史蒂芬·柯维、丽贝卡·梅里尔用直观的"信任红利"来说明信任的价值，"如果你的组织没有高度的信任，那你们就会付一种信任税，这是完全浪费掉的税。尽管这种税没有显示在财务报表上，但它确实存在，它被其他的表象问题掩盖住了。因此，我建议你戴上信任眼镜，透过表象看深层的东西"。他们印证了一些研究机构的研究报告："我们发现，建立在信任和良好关系基础上的合同比那些建立在严格的服务标准和惩罚条例上的合同更能带来'信任红利'，对双方都是这样。真正的信任不是天真的轻信，它是靠业绩赢来的。"高信任度组织得到的信任红利是提高企业价值、加速成长进步、培养创新精神、促进团结协作、巩固伙伴关系、改进执行能力。

（三）信任的分类

不同的学者从不同的角度将信任划分为不同的类型。

（1）从信任的来源划分，将信任区分为基于遏制的信任、基于知识的信任和基于认同的信任。基于遏制的信任是指一个人由于害怕受到惩罚而保持其行为的一致性时获得的信任，所以又被称为基于计算的信任。基于知识的信任是指由于对他人有足够的了解从而能准确地预测其行为时给予的信任。基于认同的信任是指具有共同偏好和利益的人们之间的信任，如俱乐部成员之间的信任、家庭成员之间的信任。张维迎将信任的来源基本分为三类：一是基于个性特征的信任，先天的面相、交易物或交易主体、血缘关系、后天的个人品德信仰；二是基于制度的信任；法律维持的信任、技术维持的信任；三是基于信誉的信任，是指一个人为了长远的利益而自愿选择放弃眼前骗人的机会。卢曼对信任进行了分类，认为信任包括人际信任和系统信任。其中人际信任是建立在人与人之间的感情关系和熟悉度的基础之上的，而系统信任则是建立在法律、制度等预防性和惩戒性的措施和机制的基础之上的。

列维斯和维吉尔特从人际关系的角度来理解信任，认为信任是由人际关系中的理性计算和情感关联所决定的人际态度。理性和情感是人际信任中的两个重要维度。这两个维度的不同组合可以形成各种不同类型的信任，其中认知性信任和情感性信任是两种最重要的信任类型。他们认为，认知性信任是指基于对他人的可信程度的理性考察而产生的信任，而情感性信任则是基于情感联系而产生的信任。日常生活中的人际信任一般来说都是这两种信任的组合。列维斯和维吉尔特认为，随着社会结构的变化和社会流动性的增强，认知性信任而非情感性信任将成为越来越多的社会关系的基础。韦伯区分了两种信任——特殊信任和普遍信任。特殊信任是以血缘性社区为基础，建立在私人关系和家族、准家族关系之上的信任。而普遍信任是指以信任共同体为基础的信任。

（2）从信任的对象来讲也可以分为三类：第一是对作为个体的人的信任，包括个人之间的信任；第二是对由个人组成的组织（如企业的信任）；第三是对政府的信任。

（3）根据王晓玉等的研究，信任依据关系主体的不同可以划分为人际信任、组织间信任和组织间人际信任。人际信任是指发生在人与人之间的信任。人际信任的多少反映了人际关系质量的高低。组织间信任，是指发生在各组织之间的信任，其主体是各种各样的组织，如企业、学校、社会团体等。组织间人际信任是"一方企业的边界管理人员对另一方企业的边界管理人员的信任"。根据王晓玉的观点，边界管理人员这一提法产生于 20 世纪 60 年代，边界管理人员是指负责建立和维持与其他组织的合作和交换关系的组织成员。

（4）根据信任的内容划分。巴伯从社会行动者在社会交往过程中彼此给予的预期角度入手理解信任，对信任进行了系统研究。他从三个层面全面理解信任：第一种预期是相信自然秩序和合乎道德的社会秩序会得到维护和实现，在此基础上形成行为者的一般性信任。第二种预期是相信和我们一起处于社会关系和社会体制中的其他人有能力胜任其各自的行为角色，由此形成了行为者对社会中的其他人在能力上能够胜任其角色的信任。第三种预期是行为者相信在社会交往中的另一方能够履行其责任和义务，由此形成了行为者对所托付的责任和义务能够被承担的信任。在三种信任预期中，巴伯更关注后两种。他认为，后两种信任预期与社会秩序的稳定和变化密切相关。基于背景的不同，个人之间、组织之间对两种信任预期的需求程度是不同的，在市场和竞争的环境中，两种信任应该是永远存在的。

（四）信任的产生机制

经济社会学家认为，人是理性的行为者，是否信任他人是通过成本收益计算的理性决策。美国新经济社会学家科尔曼从委托-代理论的角度研究了信任的产生机制。他认为，信任是一种重要的社会资源，最简单的信任关系包括两个行动者委托人和代理人。委托人始终面临一个问题——"是否信任代理人"。作为理性的行动者，委托人必须在有风险的情况下，通过对利益和成本的对比，作出是否信任代理人的决策，从而最大化自己的收益。科尔曼具体研究了委托人是如何将信任给予代理人的，包括以下几个方面：第一，信任的给予是代理人采取行动的前提。信任的给予通常意味着委托人将某些资源给予代理人，代理人可以运用这些资源为自己谋取利益。第二，如果代理人确实是值得信任的，委托人通过给予代理人信任所获得的利益将大于拒绝信任代理人所获得的利益。第三，信任的给予包括委托人在没有得到代理人任何承诺的情况下自愿把某些资源给予代理人。第四，委托人给予代理人信任与代理人采取行动之间存在时滞，但有一些克服时滞的手段使得给予信任的必要性得到了缓和。科尔曼把信任作为理性计算的结果，而很少有感情的成分，他没有把社会习俗、社会秩序等引入对信任的研究。科尔曼认为，信任的源泉是理性选择理论的核心问题。信任的存在与个人使其自我利益最大化的假定所包含的机会主义是存在矛盾的。科尔曼看到，社会网络性质的差异能够影响这些网络中个体之间的信任水平。因此，社会结构背景一定是建构理性行为的重要因素。

福山从文化的角度关注社会信任。福山把信任看成是社会资源，他认为社会资源是为一个群体中的成员所拥有的一套非正式的、允许他们之间进行合作的价值观或准则，是一种整个社会或社会的一部分的普遍信任所产生的力量。他认为，信任可以在一个有行为规范的、诚实而合作的群体中产生。它依赖于人们共同遵守的规则和群体成员的素质。信任是由文化决定的，而文化是继承而来的伦理习惯，包括宗教、传统、历史习惯等机制。福山认为，信任代表着社会团结和特定关系的基本形式。他认为，我们应该反思的问题在于，信任自身并不是道德德性，而是德性的副产品。当人们共享诚实和互惠标准而因此能够与他人合作的时候，信任就产生了。

祖克尔根据信任的产生机制，把信任分为来源于交往过程的信任、来源于特征的信任和来源于制度的信任。其中，第一种模式的信任既来源于屡次参与交换的经历，也来源于以信誉为基础的预期。互惠是这个过程的核心，屡次发生互惠交换的可靠性和稳定性使参与者之间能够培育出相互间的信任。来源于特征的信任是基于社会行动者的社会、文化等方面的特征，判断某人是否值得信任，要涉及其家庭背景、年龄、社会地位、经济地位、种族等。第二种模式的信任不只是从人际的交往和熟悉度中产生，还从非人格化的规则、社会规范和社会制度等的基础上产生。因此，信任与正式的社会结构紧密相连，与社会结构中的规章法规、资格证明等息息相关。

张维迎认为，在现代社会，依赖个性特征的信任越来越少，更多依赖的还是基于制度的信任和基于信誉的信任。同时，就信任的对象来讲，对一个组织的信任（特别是对企业中介机构以及对政府的信任）是最重要的。基于制度的信任，如企业和学校的治理结构、董事会的权力、经理的权力受到制度化的监督和限制以及各种审计、法律法规、社会规范制度化信任的游戏规则、舆论谴责、行业行为规范、政府的管制。各种执照、资质、评比是一种制度安排，基于这种制度安排的信任和基于企业信誉的信任之间存在着一定的相互关系，这种关系可能是替代的，也可能是互补的。管制与信誉的关系类似于正式合同与非正式合同的关系。正式合同（通过法院执行的合同）与非正式合同（通过信誉执行的承诺）可能是替代的也可能是互补的，人们对政府的信任取决于政治制度的安排和国家法治化的程度。

综上，我们认为，信任的产生有一个非常复杂的机制，信任既诉诸人的情感，更诉诸人的理性信任的产生，是一个长期互惠、交换的过程。信任的产生同时也与行动者的特征以及对社会规范等的遵守有关。

二、高校社会信任

高校社会信任作为学校获取社会资源的主要机制，尽管已经得到了学校管理者的广泛认同，并在学校管理实践中得到了普遍实施，但是在理论研究中还没有引起应有的重视，相关的研究成果也极为缺乏，以至于对高校社会信任还远未形成一个基本的分析框架。

（一）高校社会信任的界定

要界定高校社会信任，必须先分析高校社会信任的词汇构成。高校社会信任由学校、社会、信任以及社会信任四个词组成。这个词如果要用一个句子形容可以这样表示，高校社会信任是指社会对学校的信任，社会对学校这一社会行动者所持有的信任。在这里的"社会"包括政党等社会团体、政府、家庭家长与学生、社区、企事业单位以及兄弟学校及其成员，其既包括学校的举办者、管理者，也包括学校的服务对象（学生及其家长）、行政事业企业等用人单位，还包括学校的合作对象，如兄弟学校、家长、社会教育工作者、行政事业企业、政府机关等。

（二）高校社会信任的特征

1. 高校社会信任是对学校这一"专家系统"的信任

专家系统是从计算机领域借鉴过来的概念。专家系统在计算机领域是指一个含有大量的专门知识与经验的程序系统，它能够利用人类专家的知识和解决问题的方法处理该领域问题。

郑也夫认为，人类社会也存在类似于"计算机专家系统"的专家系统，它与货币系统一起构成人类系统信任中两个最大的分支。他认为，科学决定了专家系统的性质，因为科学获得了大众的信任，所以在科学上学有专长的人士是值得信任的。学历是此种信任的社会来源，是学有专长、高于常人的证据。

同行评议则是对每个专家的更准确和权威的评价，并往往以此决定其在这一系统中的地位。这样，科学、学历、同行评议，三位一体，构成了专家系统的信任基础。笔者认为，学校也完全符合专家系统的特征，学校应该是一个专家系统，学校存在和取得社会信任的基础就在于它是一个专家系统。学校作为社会中唯一一个专门培养人的机构，其不仅通过科学去培养人，而且培养人的方式方法也应该是科学的。

随着社会的发展和科学的进步，学校的课程越来越远离宗教和神学，人文、社会和自然科学知识已经成为当今学校教育的主要内容。同时，由于心理学、生理学、脑科学、计算机科学、多媒体技术的日益发达，教育科学也已被广泛认同，教育教学手段日益科学化和现代化，教育教学的效益和效率普遍提高。从事教育教学工作的教师也越来越专业化，在现代社会，教师普遍拥有高等教育的学历，接受过专门培养和培训。他们不仅拥有足够的所教学科的科学知识，而且掌握了相应的教育教学知识和技能，达到了较高的专业化水平。这为他们卓有成效地从事教育教学工作提供了基本的保障。还有，教师的各种素养和教育教学效果都经常受到同行专家的评定，这些既表现在日常的工作中，也表现在评优评先、职称评定等环节。这对教师的专业成长而言是一种监督和促进，而且也是一种激励和管理。作为专家系统的学校从整体上也受到同行专家和教育主管部门经常性的督导、检查、评比、评估，并往往根据这些考核结果给出具体等级，并以适当方式公布。这些考核结果也是教师和校长工作业绩的主要考核指标。基于上述认识，学校拥有专家系统的所有要件，是一个典型的专家系统。这也是学校赢得社会信任的首要条件。

2. 高校社会信任与社会对政府的信任密切相连

学校与政府的关系在不同教育管理体制的国家有所不同，政府与学校在管理学校的权限上差别很大。教育的管理体制有中央集权模式、地方分权模式、中央与地方合作模式等。我国的教育管理体制尽管一直在改革，学校与政府的关系也一直在调整，总趋势是逐步弱化政府对学校直接管理，落实学校的管理自主权。目前，社会各界对学校的信任往往与社会各界对政府的信任捆绑在一起，对政府教育主管部门的不信任往往会演化为对学校的不信任，对学校的不信任也会演化为对政府主管部门的不信任。

三、影响高校社会信任的因素

学校的社会信任对学校的生存与发展具有重要意义，它直接影响到学校的社会声誉、学校的社会支持、学校的生源补给等。目前，我国学校的社会信任状况整体上还是比较好的，比如政府作为各级公立学校的举办者和管理者对学校还是基本满意的，对广大教师所付出的艰苦劳动和巨大贡献是认同的，社会各界在捐资助学上表现出了极大的热情，学生家长不惜耗费巨大的物质资源、以极大的期望送子女到各级各类学校接受教育。这使得我国的教育无论是教育的办学条件和各级教育的普及率都处于中华人民共和国成立以来的最高水平，这一切都是政府、家长以及其他各界对学校信任的表现。那么影响高校社会信任的因素有哪些呢？

（一）高校的历史文化传统

信任在很大程度上是作为一种突破了个体的关系而存在的，它已经成为一种社会关系，这种关系并非孤立存在，而是根植于整个社会政治、经济、文化的背景网络之中，其生成有着深刻的社会制度的烙印。[1]

历史文化传统作为一种先天的享赋要素，无论对何种形态的企业集群都起到了决定最初的信任水平的重要作用。如我国的北京大学和清华大学等，无不具有充足的社会资源拥有量。但容易被忽视的是，这些高校往往都具有优良的历史文化传统，从而使其拥有了很多其他高校无法拥有的较高的初始信任水平。通常来说，历史文化传统或者说"办学历史"是通过长时间的积淀对信任产生了影响。它在一定程度上代表着高校办学能力、知名度的积累，办学历史越长久，其声誉就越高。这些有助于学校获取资源（如生源和师资）。而且，其校史越长久，其校友资源也越丰富。但是，不可否认的是，历史的悠久并不会带来组织创新及信息沟通能力的加强，反而有可能会因为某种程度上的"墨守成规"而妨碍对创新能力的培养和信息沟通渠道的扩展。这些要素是促成科研绩效提升的重要因素，需要引起管理决策层的注意。

（二）诞生于知识型集群的缘的集合

缘的集合包括血缘、亲缘、地缘和业缘，具体可以划分为两个子集：血缘与亲缘作为人类基于同一祖先而形成的宗族概念，处于缘的集合中的核心位置；地缘与业缘则是基于地理邻近因素产生的，需要通过较长的时间才可以形成集合。缘的集合在相当大程度上影响知识型集群中的信任的产生和普遍程度，因此可以视为信任集聚化最重要的一种要素。张杰、刘东指出，传统文化中所内含的以血缘、亲缘、地缘为内核的社会关系网络机制与关系型信任机制在特定范围内成了一种替代机制，有效降低了企业间的交易成本，以半封闭关系网络结构中的声誉机制与集体惩罚机制的自我实施作用力来削弱、控制机会主义

---

[1] 白春阳："现代社会信任问题研究"，中国人民大学 2006 年博士学位论文。

行为发生，进而构建了依附于社会关系网络的关系型专用资产网络。[1]通常来说，具有相同血缘与亲缘的群体容易达成天然的相互信任，比如学术近亲繁殖现象。同一地缘与业缘的高校经过长期的交往与交易，也可以产生普遍信任，如校际联合培育、学分互认等。

（三）高校内成员的身份认同

高校内教职工之间的信任主要来源于其身份认同。"一个设计良好的集体身份体系可以在产业区中提供一个像在一个企业中一样保持良好合作关系的社会建构。"[2]因此，同属于一个高校的成员往往具有共同的身份资格，具有一定的排他性。因此，可以从集体的角度来为成员提供信用支持，并形成彼此之间的信任。正是基于对组织价值规范的认同，对组织发展的信心和对组织前景的期望，高校社会资源集聚发生机制才得以形成。伊诺认为："一个训练有素的科学家通常会被吸引到出色的研究中心或杰出的大学。在这里他或她可以找到支持高水平研究的人力或物质资源。这种契合不仅提升个人的研究水平，同时也提升该高校的总体质量，从而进一步吸引更多的研究基金和卓有成效的研究人员，在这种情况下，我们看到互相关联的两个循环。"默顿也持相应的观点，认为这些高校曾经在某个时期吸引了较多的某种资源而成为和对手进一步竞争时的领先者。长此以往，经过一些年头，这些高校就累积了一种磁性力量而吸引杰出人才到校来从事最为意义重大的研究。[3]比如，集聚

---

〔1〕张杰、刘东："我国地方产业集群升级困境的一个制度解析——基于社会资本的逻辑视角"，载《东南学术》2006年第3期。

〔2〕崔彦韬："产业集群内企业间信任建立机制研究"，浙江大学2006年硕士学位论文。

〔3〕〔英〕迈克尔·夏托克：《成功大学的管理之道》，范怡红等译，北京大学出版社2006年版，第13页。

优秀学术研究力量"马太效应"的主导因素就是身份认同。

（四）高校学术信任

学术信任既是高校社会资源的核心要素，又是高校发展的根基。作为学术组织的高校，学术权力在其内部管理权力结构中占有重要地位。无论是考察高校组织的历史渊源、社会功能、高校基层学科组织的规训，还是审视高校组织内学科评价标准等学术活动，都可以发现无法离开学术权力。[1]因此，毫无疑问的是，学术性是高校组织存在的本质特征，高校本质上是学术组织，高校组织运行的基础是学术权力。学术信任既有源自高等教育系统的制度性信任，又有源自高校组织自身学术发展特色的个体性信任。个体性信任是影响高校社会资源集聚的重要因素。因为这种信任是基于高校信誉的信任，是基于长期合作关系建立起来的信任。如高校的形象好、口碑好、声誉好，社会资源集聚就相对容易。教师、学者之间相互信任也是基于学术信任。学术信任能够保持学者在进行高深学问探求的活动中的自觉行为，能够挖掘出学术人员的潜在力量，激发创新能力，从而为组织的生存和发展开发出持续不断的能量来源。与之相反，在缺少信任的环境中，成员会相互扯皮，消耗大量的时间和精力。因此，高校学术信任会影响组织内部学术权力的分配和合法性，影响学者之间的认同度，影响学术分工和合作的有效进行，从而影响高校的凝聚力和创造力，是影响高校社会资源集聚的核心要素。

（五）教师学术责任

高校需要教师，是因为教师能够肩负起培养学生、指导教学、研究创新的责任，具备教书育人、科学研究之能力。如果

---

〔1〕宋伟："论大学组织学术权力生成的逻辑"，载《高等教育研究》2006年第4期。

教师不能够承担起应有的学术责任，不具备完成"分内事务"的能力，那么滥竽充数的"南郭先生"不但会造成高校内部网络关系的混乱，还会影响到高校外部网络关系的发展。例如，如果教师不能够按时上课、不能够公平对待学生，甚至是强制性地向学生兜售教材（尤其是教师个人的、已经过时的教材）等。这会引起教师与学生之间的利益冲突，不利于师生关系的和谐。再如，当教师从事科学研究时，如果不能够遵守必要的学术道德规范，存在抄袭剽窃、伪造数据等学术不端行为，受影响的不只是研究者本人，还包括学校，高校的外部网络关系可能会因此而断裂。总之，教师学术责任的丧失不但会造成高校内部社会资源的"赤字"，而且还会制约高校外部社会资源的积累。

（六）校长责任

在高校社会资源集聚中，校长具有关键性作用。这是因为高校社会资源属于组织层面的社会资源，其行动必然通过组织的"代理人"来实现，而校长就是高校这个组织的"代理人"。校长是高校组织的领导者、组织者和经营者，是一所高校的灵魂。陶行知先生曾说过："校长是一个学校的灵魂，要想评论一个学校，先要评论他的校长。"[1]高校校长地位重要且特殊，其在高校内外部社会资源整合和建构中发挥着舵手、引路人的作用。在市场化、信息化和全球化的背景下，校长素质的高低决定着一所高校的发展方向、发展水平。校长素质结构包括：决策能力、组织能力、协调能力、知人善任能力、自我约束能力、严格管理的能力等。校长的重要任务就是筹划和发展高校组织的社会资源。然而，校长筹划和发展社会资源的能动性受多种

---

〔1〕 陶行知："国民学校"，载方明主编：《陶行知全集》（第1卷），四川教育出版社2005年版，第47页。

因素的影响。首先，高校校长个人的成长经历、学术水平、性格等因素。这些因素影响其筹划社会资源的积极性和发展社会资源的能力。如前所述，社会资源的形成一般是基于共同利益而不断博弈形成和发展起来的，是一种理性选择的结果。高校校长的道德意志、人格魅力、敬业精神、社会阅历和生活态度对其社会资源及高校社会资源产生了重要影响。那些具有公平、理解、忠诚等道德意识的人更容易得到别人的信任。乐观、高度的敬业精神和丰富的专业知识与社会阅历更易于被别人尊重和信任。个人的权威可以通过这种自我的吸引力来获得更多的信任，也就能为其提供更为广泛的社会关系网络，从而获得较多的社会资源。

其次，校长个人的社会关系网络因素。这种因素与高校组织的关系网络交织并存，因此选择社会关系网络资源丰富而且高质量的管理者作为高校校长对高校关系网络资源的拓展是具有积极意义的。校长处于高校组织内外部关系网络"结构洞"的位置，因而拥有较多的社会资源。校长在学校内部与同事、教职工、学生，对外同公众、校友、家长、上级教育部门、各级行政部门等方面建造起了社会关系网络，相当于联结校内校外的桥梁。拥有"结构洞"社会资源的校长在行动中能够更为充分地调动内外部关系网络实现预期目标，因而使得行动更为便利。信任在校长筹划和发展社会资源中具有重要作用。由于处于"结构洞"这一特殊位置，高校校长的"信任度"显得至关重要。受人尊敬、信任度高的高校校长能够充分被校内外公众理解，能够充分地调动各类关系网络和资源。反之则不然，高校校长信任的缺失对高校发展是不利的。

第二节　社会关系网络要素

网络要素被用以衡量影响高校社会关系网络集聚化的要素。高校社会关系网络是一种被所有成员熟悉和公认的体制化的关系网络，是高校成员之间政治、经济、管理以及文化、传统和人与人之间多种关系结合而形成的网络关系，除了通常所说的个人拥有的人际关系网络之外，还包括高校与高校、地方政府、校友、家庭、社区、企业等之间的相互认知关系、合作关系和信用关系等。

一、社会结构关系

"社会结构"是社会学研究中一个应用广泛的重要概念。社会结构的生成与演化是人际互动的结果。笔者认为这里的人应该不仅包括自然人，也包括法人。柯林斯认为，应该从社会微观过程方面去理解社会结构。他把社会结构定义为"互动仪式链"，在时间上经由具体环境中的个人之间不断接触而得到伸展。个人之间不断接触会导致社会结构的出现，当人们越来越多地参与社会际遇时，社会结构就变得更具有宏观性质。也就是说，在长时间内际遇重复越多，参与的人越多，所需要的空间也就越多，社会结构就越宏观。所谓的机遇是指一个共享的谈话现实，并涉及拥有多种资源和互动机制的个体之间的谈判，机遇的不断重复不断建立和维持了结构。社会结构最终是互动仪式链。

布劳把社会结构看作是由社会中的人们的分化了的社会地位所构成的多维空间。而社会分化则是人们相互间进行的社会互动和信息交流的结果。社会分化导致人们在社会位置分布上的不平等和异质性。人们的社会交往既提供了区别社会位置的标准，也展示了社会位置之间的联系，这些联系使得社会位置成为某个社会结构的组成要素。

林南在《社会资源——关于社会结构与行动的理论》一书中专章论述了"行动如何导致社会结构生成的理论"。科尔曼的社会学理论具体阐释了社会结构的历史演化。他认为，促成社会结构变化的因素主要是社会基本元素的变化，这些基本元素被视为社会行动者，包括法人行动者和自然人行动者。科尔曼认为，社会结构演化的历史正是人工结构取代自然结构的历史，他说："在这漫长的发展过程中，原始的自然环境逐渐为人们有意创造的环境所取代。这种变化既发生于物质环境，也存在于社会环境。人们建造的高楼大厦和宽阔街区是建筑环境取代了人们生存于其中的自然田园。从社会环境上看，原始联系和基于此的旧式法人行动者家庭、氏族、种族集团和社区，正逐渐成为新的、有目的创造的法人行动者以及相应的社会关系所取代。"科尔曼认为，现代工业社会存在两种平行的组织结构：一种是原始性结构，以家庭为基础发展而成；另一种是新型结构，由完全独立于家庭、具有目的性的法人行动者组成。原始性结构由核心家庭、多代人组成的家庭、邻里和宗教团体组成。目的性结构由经济组织（例如，公司、工会或专业联合会、具有单一目的志愿联合会以及政府机构）组成。在许多发展中国家（例如，黎巴嫩和中东地区其他的阿拉伯国家），人们仍可见到如下社会系统：经济和政府组织甚至包括私人军队都是家庭和氏族的扩展。但是，在现代工业社会，这种社会系统早已成为历史。科尔曼的这一思想为我们分析社会行动者地位获得的路径提供了分析工具。在社会学中，结构功能主义把社会结构作为其基本概念，认为社会就是各个行动者相互作用的体系。从静态的角度进行研究就是分析社会体系的结构；从动态的角度进行研究就是分析社会体系的功能。他们认为，社会结构最基本的分析单位就是行动者所处的地位和承担的角色，把社会结构看作是各个地位、角色之间稳定的关系，社会结构得以建立和维持的前提就是承担角色、参与互动的行动者认同共同的价值规范体系。在阐述社会结构的形成及其变化过程时经常使用的概念有个人资源经验、知识、个性、情感及其差异、情景定义、选择、互动仪式、交往密度、沟通网络、符号、意义等。

在我国，一般认为，社会结构是社会体系各组成部分或诸要素之间比较持久、稳定的相互联系模式，其反义词是社会集合。对社会结构可以做广义和狭义两种理解。广义的社会结构是指社会各个基本活动领域，包括政治领域、经济领域、文化领域之间相互联系的一般状态，是对社会体系的基本特征和本质属性的静态概括。在社会各种基本活动领域中，社会经济结构对于社会政治结构、文化结构等具有决定性的影响和制约作用。狭义的社会结构指由社会分化产生的各主要的社会地位群体之间相互联系的基本状态。这类地位的群体主要有阶级、阶层、种族、职业群体、宗教团体等。

二、高校社会关系网络

高校与学校外部的各种组织、个人、社会团体的长期交往过程中会形成一定的社会关系网络。对于高校从外部网络联系中所获取的社会资源，笔者称之为高校的外部社会资源。在此，笔者将其分为纵向、横向和第三维度的关系网络。

（一）外部关系网络

从纵向的维度来说，高校外部社会资源包括高校与政府机关，上级教育行政主管部门以及下属学校（如分校、分院）、下属部门（如校办企业、校办工厂）的联系，也可以包括"教育链"中不同层次高校的关系（专科性大学-综合性大学，普通大学-重点大学），这种纵向网络是客观存在的社会资源，是由高校与政府、高校与社会的客观关系决定的。拥有这种纵向关系网络，高校可以从"上"获取一些诸如发展资金、研究项目、发展信息、人力资源等方面的稀缺资源。垂直关系网络对大学争取发展资金、获取研究课题、项目具有至关重要的作用。

从横向的维度来说，高校外部社会资源是指高校与其他学校、其他机构、部门及组织的联系。高校外部的横向网络由以下部分组成：第一，高校与教育系统内其他单位的联系，如与同等层次的其他学校、教育科研院所的关系。目前，在国内的一些高校中有一种现象，北京大学与清华大学、天津大学与南开大学、武汉大学与华中科技大学、北京师范大学与华东师范大学的学生之间相比于其他高校学生更有亲切感，这就是同等层次高校易于联系与沟通的一种表现。第二，高校与其他政府部门或组织之间的联系，比如与公检法系统、人事部门、企业、媒体、中介组织、社区等的联系。第三，高校与家长之间的关系、高校与捐赠者的联系、高校与毕业生也即校友之间的联系。这是一种客观存在的"准亲缘"联系，其表现形式如级校友会等类似组织。校友大多有一种母校情结，毕业之后回访母校，通过多种多样的形式来回报母校，为学校带来各种信息、资源、声誉，同时知名校友对于在校学生而言还具有很强的示范效应。

除了纵、横向的社会关系网络，作为信任的表现形式——高校的社会声誉、社会对高校的评价等——都是高校外部社会资源的重要内容，属于高校外部社会资源的一部分。一所高校的社会声誉可以赢得外界对其的信任，高校的品牌可以赢得学生和家长的信任，从而转化为其外部社会资源。一所拥有较高声誉和较好评价的高校将获取更多的社会关系网络和支持。高校外部的网络关系越宽广，高校能获得的有效信息就越多，资源越充足，就越能推动高校良好地运转与发展。反之，高校信息闭塞、资源相对缺乏，将只能在有限空间内生存、发展。

（1）校际关系网络。基于历史、地理、管理差异，各校形成了不同的特色和风格，校际关系网络包括开展合作、资源交流等，其可以增加了解、相互学习、资源共享、共同发展，所以现今各级、各类学校普遍重视校际合作，特别是一些办学水平比较高、管理水平比较好、资源比较丰富的学校对此更加重视。学校间的合作领域十分广阔。不仅同级学校间可以开展合作，异级学校间也可以开展合作；不仅国内各校间可以开展合作，国际各校间也可以开展合作。近年来，随着教育的国际化，国际学校所进行的交流合作越来越频繁。据北京大学国际合作部副部长潘庆德介绍，目前北大的校际交流形式主要有：世界高校纷纷在北大设立分校；北大在校学生海外学习项目蓬勃开展；校际交流、交换学生不断增加；暑期学校为国外大学的学生授课；学生社团的对外交流；联合博士生培养项目；国际交流节；独特的大学生日；等等。浙江工商大学作为一所省属高校与国外高校的合作也比较广泛。改革开放以来，浙江工商大学实施教育国际化战略，国际交流与合作工作规模不断扩大，内容不断丰富，层次不断提升。先后与美、英、德、加、澳、日、韩等50多个国家的80所院校和科研机构签署了合作协议。与20余所国外大学和科研机构开展了教师访学、学生交换、学分互认、科研合作等多层次的交流合作。其中，曾获英国政府基金资助的"南方主要易腐易褐变特色水果贮藏加工关键技术"获2008年国家科学技术进步二等奖；与加拿大魁北克大学合作的管理硕士研究生项目已成功举办5届，培养了261名项目管理硕士，为地方经济建设和发展做出了积极的贡献。

同时，国内高校间的合作也越来越多。比如，山东大学作为国内知名学府非常重视与国内高校的合作。学校成立了主管校际合作的"山东大学校际合作办公室"，与"服务地方工作办公室"合署办公。学校为其制定的工作职责主要有："负责学校有关国内校际合作事务和服务地方工作事务的综合性协调。承担对外联络，建立学校与国内高校、科研机构、地方政府、大中型企业的协调互动机制，推动学校各有关职能部门、学院（部、中心）与国内高校、科研机构，地方政府、大型企业等紧密联系，促进校际合作、服务地方工作项目的开展。与有关职能部门一起，做好校际合作、服务。地方工作的团组来访接待、考察交流、高层合作论坛、项目对接、学生访学、人员交流等活动安排。"[1]与其建立了"姊妹学校"关系的高校主要有中国政法大学、天津大学、武汉大学、山东经济学院、宁夏医学院、宁夏大学、中国人民大学、中国海洋大学、首都医科大学、哈尔滨工业大学、兰州大学、吉林大学、厦门大学、中山大学、中南大学等。按照《中南大学-山东大学校际合作框架协议》，双方确定重点在师资资源共享、人才培养、科研合作、图书资源共享、校内改革发展重大举措互动等领域开展合作交流。

（2）校地关系网络。校地合作是我国教育改革开放的产物。20世纪90年代以来，随着我国高等教育体制改革的不断深入，原来那种"条块分割"的局面被打破，许多中央直属高校要么下放地方，要么与省市共建。于是，这些高校开始寻求与省级及以下地方政府的合作。在央属高校的影响下，省属高校也纷纷开展校的合作。校地合作是加强高校与地方联系和交流、实

---

〔1〕 参见山东大学校际合作办公室：http://xjhz.sdu.cn/2005/index.php.

现资源共享、互惠互利的有效形式。开展校地合作，发挥各自优势，促进科教与经济的结合，符合合作双方的根本利益。特别是以项目为载体的合作，昭示了校地合作的发展方向，展现出了极为广阔的合作前景。大力推进校地合作、加快科技创新不仅是科技进步的必然趋势，也是促进地方经济发展的必然选择。许多高校均与地方政府签订了战略合作协议，对合作双方的权利义务进行规范。为了加强与地方合作，许多高校成立了专门机构专管与地方的合作。如西南大学设立了校地合作处，中国传媒大学成立了"社会服务和发展办公室"、北京大学成立了"国内合作委员会办公室"等。合作的形式很多，如加强经常性沟通、开展互动对接，建立定期联系沟通机制和需求服务对接机制，通过召开联席会议和组织专场对接会等形式推动合作常态化。有关厦门大学、中山大学与地方合作的经验和做法引起了中央高层的重视，中央新闻媒体对这两所大学与地方的合作进行了报道。

（3）高校与社区关系网络。学校与家庭、社区的合作是近几十年各国教育改革发展的一个方向。我国从 20 世纪 80 年代以来就开始重视学校、家庭、社区三结合。2003 年以后，政府命名了几批现代学校教育制度实验区，学校、家庭和社区的三方互动机制是现代学校教育制度建设的重要内容。发达国家和地区普遍重视"家长参与学校教育"。有学者将其界定为：在家庭及学校中动员家长潜能，使家长、孩子和学校所在社区获益的过程。其模式有三：①家庭影响模式，指学校通过家访或各种各样的交流技巧深入到家庭以了解家长的需要；②学校影响模式，指家长以志愿者或家长委员会成员的身份参与到学校的各种事务或管理中去；努力改变学校让它更好地满足家长的要求；③社区影响模式，指利用社区主要的资源来加强学校和社区的合作。[1]一些学校为了取得家长和社区的支持会向家长和社区明确学校职能和承诺，公开教务和政务信息，以消除学校参与社会活动的各种障碍，为学生、家长和社区居民提供更多的选择和人性化服务，保证家长和社区居民积极参与学校管理，建立学校评议员制度；明确家庭教育，加强家长和学校的合作关系，扩大社会教育的职能；进一步推动学校教育与国际接轨，正视国际竞争。同时，有些高校还会加强公民教育和社区服务教育、外语和爱国主义教育，培养学生吃苦耐劳的品质和职业精神，倡导学生开展社区服务活动。

（4）校企关系网络。学校与企业间的合作也呈现出良好态势。其中，学校与银行的合作这些年获得了快速发展。如北京大学与国家开发银行的合作，"双方就建立长期、全面、稳定、互利的合作关系达成共识，国家开发银行将支持北京大学的人才培养、科技研发、校园基础设施建设和高科技成果产业化等各项事业的发展，北京大学将在人才和项目咨询论证等方面向国家开发银行提供智力支持"。[2]校企关系网络在某种程度上与高校的资金运作、融资机制和创收机制密切相关，是影响高校社会资源集聚的重要因素。

（5）高校与校友的关系网络。高校与校友的关系也很受学校重视，特别是一些名校，在其长期的办学过程中培养了许多人才，这些人才已经成为各个领域的专家学者、企业家和高级政府官员，因此高校非常重视校友资源的开发。高校加强与校友的联系主要有：组建校友会（校友总会和各级分会）、校庆时

---

〔1〕 丁钢主编：《中国教育：研究与评论》（第9辑），教育科学出版社2005年版，第162页。

〔2〕 "北京大学与国家开发银行大力加强合作"，载 http://news.china-b.com/bjdx/436579.html.

邀请校友返回母校，或者邀请知名校友返校讲学，或者鼓励和接受校友各种捐赠。有学者研究高校校友联谊会的功能，简要概括起来主要有十个方面："一是组织、联络和协调作用；二是纽带桥梁作用；三是增进母校与校友及校友间的友谊作用；四是咨询、服务作用；五是信息与学术交流作用；六是调研、反馈、献计献策作用；七是加强学校与政府及各界的联系作用；八是合作办学、科技成果推广及培训作用；九是知名校友典型事迹激励、示范作用；十是开拓招生、就业市场和推荐引进人才作用。"从某种意义上讲，衡量一所学校的质量主要看毕业生对社会的贡献大小、人才的多少、人力资源的挖掘与提升的强弱。[1]校友对学校的捐赠是校友回馈学校的一种方式。2010 年1 月 20 日，"2010 中国大学富豪校友捐赠榜"首次发布，这是我国首个反映大学校友捐赠状况的排行榜。其中，浙江大学校友"最慷慨"，累计捐赠 2.48 亿元，荣膺"2010 中国大学富豪校友捐赠排行榜"榜首，创中国大学校友捐赠之最；清华大学的 4 位校友联合捐赠母校 2.2 亿元，名列第二，是我国大学最大的一笔校友捐赠；北京大学校友黄怒波捐赠 1 亿元的地产，名列第三。

（二）内部关系网络

高校从内部关系网络中获取的社会资源，经过长期发展，形成了学校特有的内部凝聚力和向心力，我们可以称之为高校的内部社会资源，它是一所高校健康发展的无形资产。应建立学校成员一致认同的学校发展目标，使学校成员更多地关注学校的长远发展，并将成员个体的发展与学校发展进行充分的融合，形成管理者与教师之间、教师与教师之间、教师与学生之

---

〔1〕钟学忠、王宝麟、张高飞："对加强大学校友联谊会建设的几点思考"，载《陕西师范大学学报（哲学社会科学版）》2005 年第 S1 期。

间、管理者与学生之间的信任机制和畅通和谐的关系网络。基于高校内部组织的复杂性，其内部关系网络也表现为不同的方面，主要包括人际关系、社团组织以及学校规范三个方面。

（1）人际关系。人际关系是最典型的高校内部社会资源。高校里所有师生成员间融洽的人际关系能促进高校管理人员、师生之间相互交流与合作，也能带动高校组织的协调发展，增强高校内部的向心力和凝聚力。高校内部的上级部门与下级部门之间、高校行政和教学管理人员与教师、学生之间的人际关系是一种纵向的人际关系，而教师与学生、教师与同事、学生与学生之间以及高校各个内部组成机构之间则是一种横向的人际关系。

（2）社团组织。社团通常是以信任为基础，非强制性的，由人们自觉形成的一种非正式组织。社团中蕴含着巨大的社会资源。高校里不乏各式各样由学生自发创立的社团组织，这种自由的社团组织可以提高大学生行动的一致性，这种社会关系网络也可促使行动更为有效。社团组织中学生彼此之间的信任蕴含着巨大的社会资源价值。

（3）学校规范。规范对人的行动具有重要的约束作用。虽然不同于严格的法律条文，但是人们都在自觉地遵守着。任何一所高校都有特定的学校规范，即通过一套机制惩罚自私自利的行为，奖励大公无私的行为，要求组织中的个体，即教师和学生放弃自我利益按公共利益行事，从而使某些社会行动目标更容易实现，由此构成了极其重要的社会资源。高校丰富的内部社会资源能促进高校外部社会资源的积累，外部社会资源的充实也会反过来促进高校内部社会资源的增长，两者互相促进、相得益彰，形成了内外互补、协调发展的高校社会资源。

三、影响高校社会关系网络的因素

高校社会资源由高校外部社会资源、高校内部社会资源两方面构成。其中，高校外部社会资源表现为三个维度的社会关系网络，高校内部社会资源则表现为高校组织内部的人际关系、社团组织以及学校规范的社会关系网络。高校社会资源既具有社会资源的一般特征，又具有其作为高校这一特殊组织的特征。具体来讲，主要有：

（一）学校声誉地位

学校声誉地位可以按照不同的逻辑进行分析，以下分析依据的是学校的声誉来源。

1. 来自政府的声誉

由各级政府及其教育主管部门通过评估等程序授予学校的各种荣誉称号、评估等级等既代表着政府对学校的认可程度，也是政府配置教育资源的主要依据，对其民间声誉也具有导向作用。现不完全具体列举如下：在各级各类学校中普遍存在的由政府主管部门确定的重点校，如工程大学、国家重点大学、省重点大学等。还有在教育主管部门主持的各种评估中取得各种等级的学校，如在"高等学校本科教学水平评估"或"高等学校合格评估"中被评为优秀、合格等级，还有在各种工作检查中获得的各种荣誉称号。还有一些荣誉是政府有关部门颁发的一些诸如"基地""单位"的称号。这些都是学校看重的荣誉，往往会成为学校宣传的重点和主题。学校认为，这些荣誉可以给学校带来许多利益，如经费、生源、社会支持等。社会也依据这些荣誉来评价学校的社会地位。有关这些荣誉我们可以在学校网站上的学校简介中找到。如山东大学在其学校简介中这样写道："山东大学是一所历史悠久、学科齐全、实力雄厚、特色鲜明的教育部直属重点综合性大学，在国内外具有重要影响，2017年顺利迈入世界一流大学建设高校（A类）行列，为国家和区域经济社会发展作出了重要贡献。"在各级评估中取得的优异成绩等级、特色专业、精品课程，学校在科研上获得的高层次项目、重点实验室称号、研究基地以及各种奖励等也是学校所看重的声誉。

2. 来自民间的声誉

随着我国社会的日益多元化和市民社会的来临，非官方的社团组织所进行的一些评估对学校改革与发展所具有的意义越来越大，越来越多的学校在重视官方评价的同时也开始重视民间的各种评价。学校一般也把学校里的员工和学生获得的声誉作为学校的荣誉，尤其是校长获得荣誉更被学校认为是其荣誉，这也得到了社会的认可。我国比较著名的大学排名机构主要有武书连领衔的中国管理科学研究院《中国大学评价》课题组、中国校友会网、深圳"网大"公司、武汉大学中国科学评价研究中心、上海交通大学高教所等。对于这些大学排行榜，各方意见不一，也有一些高校甚至表示强烈反对。如"网大"每年的排名结果推出后都会受到不少高校的质疑。目前，大学排名最受质疑的就是这些排名是由民间机构进行的，而民间机构缺乏权威性，关键问题是其指标体系及采集数据的方法的科学性、准确性有争议。2000年西安交通大学就明确向网友提出，由于不承认其排名的科学性、客观性，因此不参与排名。教育部甚至也公开表示不支持、不赞成。教育部有关人士表示："第一，我们不搞任何排行榜；第二，我们不赞成任何对大学进行排名的活动；第三，我们尤其不赞成不实事求是的、没有科学基础的大学排行榜。"但也有专家认为，大学排名由民间机构去做更为合适。张敏强认为，大学排名由民间机构进行是可行的。首先，教育主管部门如果集管理者与评估者于一身，权责不清，可能会在制定评估指标体系时考虑自己的位置和利益，从而有失公正。例如，高校的图书资料、网络信息要有基本的数量和规模。教育管理部门在制定评估方案时就要考虑：指标要求高，被评估的高校就会要求增加拨款；指标要求低，又会降低基本要求。这种"两难"问题往往会使政府与高校都处于角色冲突之中。另外，这种实施方式对评估者来说，也易产生"报喜不报忧"的弊端，因为被评估者的评估结果或优或劣，最终的责任仍是由政府教育主管部门来承担。而由民间机构排名则可避免这些问题。其实，国外也进行了多年的大学排名，其中不乏权威的排名。据介绍，国外的排名主要也是由民间机构进行，其中很多都是由传媒组织的。如在美国进行排名的是《美国新闻和世界报道》、德国是《明镜周刊》、日本是《钻石周刊》等。一些高校对大学排行榜给予了认同，并认为其反映了学校的实际办学水平和社会地位。如湛江师范学院主页的学校介绍就写着"网大"公布的高校排行榜上，学院在国内 1000 多所高校中名列第 254 位，南京理工大学也把排名结果放在学校主页较为显著的位置上。在中国，民众一直深信这样一句话："金杯银杯不如老百姓的口碑。"民众对学校的评价有杆秤，这种评价一般说来是比较公正的。但也会由于民众对学校的了解不很全面、掌握的信息比较少、比较旧而有所偏差。

（二）学校权力地位

学校作为一个专门的育人机构而非行政职权部门，除按照国家教育方针和教育规律做好本校的育人工作外，在国家行政序列本无多少权力。但在不同的国家，由于政治制度、经济体制、文化传统等的不同，国家对学校的管理方式也不尽相同。许多国家不给学校和学校的校长规定行政级别，也不赋予其管理其他学校的权力，但有些国家则赋予了学校和校长一定的行政级别，甚至赋予了其管理其他学校的一些职权，这一情况在法国、俄国、日本和中国历史上实行的大学区制方面表现得最为突出。但是无论学校有无行政级别，学校作为一个文化传承机构，在学术研究上的不同水平和地位也相应地决定了其在学术圈中的权力地位。学校的权力地位是一个极其复杂的问题、争议颇多，但是一个拥有较高行政级别和较大学术权力的学校必然有利于其获得更多、更优的社会资源。其影响因素主要有：

1. 学校和校长的行政级别

行政级别不仅象征社会地位和社会知名度，而且也决定着学校对行政资源和社会资源的动用能力。如我国公立高等学校根据其规格、规模和隶属关系、其行政级别可以区分为副省部级大学、正厅级的本科大学和副厅级的高职高专。国外的公立大学有的也有一定的行政级别。九三学社中央副主席邵鸿对这一现象进行了分析，认为高校行政化是所有公办高校的通病。这是因为：第一，高校由政府或政府部门投资，政府代表纳税人以出资人身份对大学进行直接或间接监管。从这一层面上来讲，公办高校与国企相类似。第二，政府或政府部门作为公办高校的投资主体，决定了高校在与政府进行关系处理时一开始就居于从属地位。再加上公办高校的负责人通常由政府直接任命产生，这就使得高校天然地倾向于享受某种行政级别。因为享受行政级别的不是高校本身，恰恰是这些被委派的领导。学校和校长的行政级别一般与其隶属部门有直接关系。隶属部门的行政级别越高，学校和校长的行政级别也往往越高，如副部级高校都是教育部的直属院校。

2. 学校学术权力地位

标志一所学校学术地位的最为重要的是师资水平。梅贻琦老先生的那句名言"所谓大学者，非谓大楼之谓也，有大师之谓也"就深刻地说明了师资对学校发展的重要意义。许多学校非常重视对其师资队伍的宣传。在我国，标志高校师资水平的学术荣誉具体有：科学院工程院院士、第三世界科学院院士、学科评议组成员、何梁何利基金奖获得者、香港柏宁顿教育基金获得者、孺子牛金球奖获得者、国家批准的有突出贡献的中青年专家、国家"百千万人才工程"人选、国家杰出青年科学基金获得者、教育部"长江学者奖励计划"特聘教授、教育部"长江学者奖励计划"讲座教授、中国科学院"百人计划""新世纪百千万人才工程"国家级人选、教育部跨世纪优秀人才、教育部新世纪优秀人才、国家级教学名师、教育部优秀青年教师资助计划、荣誉教授、资深教授、特聘教授、名誉博士、博士生导师、教授等。高校不仅重视对在职教师中知名教授的宣传，也很重视历史上曾在该校任教的知名学者的影响。

最能标示一所学校水平的莫过于其培养过多少人才，特别是培养出了多少科学家、高级干部等各界精英。如山东大学的网页上这样写道："我校培育出中国科学院和工程院院士（含双聘）21人，长江学者特聘教授42人、长江青年学者13人，国家杰出青年科学基金获得者55人、优秀青年科学基金获得者42人，国家特支计划领军人才32人、青年拔尖人才16人，国家百千万人才工程入选者39人；国家级各类平台基地26个，教育部人文社会科学重点研究基地4个，部委级平台51个，另有大批省级重点实验室和工程技术研究中心；拥有多家直属附属医院；与30多个国家和地区的200余所学校签署了校际合作协议。"

（三）学校的物质地位

办学需要一定的物质条件，优越的物质条件是学校社会地位的一个重要指标，也是学校赢得社会信任、获取社会资源的一个重要支撑性条件。尽管仅有大楼不行，但是离开"大楼"也是不可能的。所以学校的地理位置、占地面积、建筑面积、体育场馆、礼堂餐厅、标志性建筑、办学经费、实验室装备、图书馆藏书等都是一个学校财富的重要指标。如浙江大学官网这样写道：浙江大学位于中国历史文化名城、世界著名的风景游览胜地——浙江省杭州市。其北依苏沪，东接甬港，南联闽粤，是中国东南沿海长江三角洲地区的重要城市。学校设紫金港、玉泉、西溪、华家池、之江等七个校区，分布于杭州市区不同方位。校园依山傍水，环境幽雅，花木繁茂，碧草如茵，景色宜人，与西湖美景交相辉映，相得益彰，是读书治学的理想园地。……学校综合办学条件优良，基本设施齐备。拥有计算中心、分析测试中心、现代教育技术中心等先进的教学科研机构。科学馆楼、体育馆场、活动中心、游泳池等各类公共服务设施齐全，为全校师生员工的学习、生活、开展中外学术和文化交流活动提供了条件。学校图书馆总藏书量797万余册，是全国规模最大、分布面最广、学科覆盖最全的综合性大学图书馆之一。学校还创办了浙江大学国家大学科技园，并在南昌、宁波等地设立了分园。总长达68公里的高速计算机骨干网络以及特设的公交线路将各校区和附属医院连为一体。

第三节　规范要素

规范既包括正式的制度规范，即通常以法律法规条文形式表现出来的对人们行为发生正式约束的体制，也包括大量存在的各种形式的非正式制度，即人们在长期的社会生活中或无数次的博弈中逐步形成的日常惯例、习惯习俗、伦理道德、文化传统、价值观念、共有信念、精神状态、意识形态等对人们行为产生非正式约束的规则。它约束了人们行为选择的大部分行为空间，对人们行为产生了更为普遍的影响，既是正式制度形成的基础，也是正式制度有效发挥作用的必要条件。

一、规范概述

规范作为一种重要的社会资源表现形式，是人们在社会生活中基于共同利益而博弈形成的规则。它包括正式制度和非正式制度。所谓正式制度，是指人们有意识地设计和创造出来的，通过国家等组织确立的一系列成文规则，包括法律、规章、正式契约等。所谓非正式制度则是指人们在长期的社会交往中，无意识地逐步形成并得到公众认可和接受的一系列行为约束规范，包括意识形态、道德规范、习俗惯例等。其中，意识形态处于核心位置。意识形态不仅可以蕴涵道德规范、习俗惯例等，而且还可以在形式上构成某种正式制度安排的"先验"模式，甚至有可能取得优势地位或以"指导思想"的形式构成正式制度安排的"理论基础"和最高准则。正式制度与非正式制度的主要区别在于，正式制度是人为设计的，具有强制性，制度设计者可以强制性地迅速改变制度内容，如新政权建立后的立法等。非正式制度则是自发生成的，虽不具有强制性，但是公众会按惯例来惩罚违反者，人们会减少或者拒绝与之交往，并且非正式制度不是一朝一夕就可以改变的。从发生学的角度而言，非正式制度产生于正式制度之前，并且伴随着社会的不断发展，非正式制度和正式制度都在不断发展演变。社会交换理论认为，交换是人类普遍存在的一种现象。人类最原始、最基本的交换应该是面对面的"物—物"交换在这种最初始的交换过程中，互惠、等价等非正式制度规范就制约着人们的交换关系。由于劳动分工、商品、货币的出现，交换的形式也日趋复杂。人们的交换成本以及期望取得的报酬也不仅仅局限于经济的或者有形的物质形式，还包括感激、权力、认同和声望等。非物质形式交换的主体也不仅仅局限于个体行动者，还会扩展到不同的组织机构。于是，除了公众认同的习俗惯例、价值规范等，权力机构出台了强制性的正式制度来制约人们的交换关系。当然还有制约其他社会行为活动的正式制度。按照正式制度的形成途径，我们可以把正式制度分为两种类型：一类是由非正式制度的逐步演变而来，后经公众认可，并经制度制定者确认的正式制度；另一类是制度制定者有意识地设计并创造出来的成文规则。

制度之所以在社会发展中起到关键作用，是因为它能够提供一种激励、约束机制。制度除促使人们更加积极地投入社会活动中，实现资源配置最优化外，还可以约束人们的行为规范、节约交易的成本、提高交易的绩效。如果不考虑交易成本和交易绩效，正式制度显然会因其具有的外在强制力而成为人们行动选择的唯一指南。但是，在现实生活中，交易成本无处不在，正式制度的制定和实施不仅需要建立一套专门的组织机构，而且需要通过一定的工作程序，其间不乏讨价还价、营私、寻租等活动。这些都需要耗费一定的社会资源，且其运行成本较高。而非正式制度作为人们社会互动的副产品，其施行是依靠人们的自觉和自愿，或社会的风尚和习惯，即不需要雇请专门的人员监督和执行，其实施几乎不需要花费多大的社会成本。因此，一项正式制度安排如果能够得到组织成员的认同并将其作为自身的行为规范，那么制度的监督和执行就无需第三方参与而由人际的社会关系网络自发完成，这样就会极大地降低交易成本。从这个意义上来说，最有效率的制度安排应能够实现正式制度与非正式制度的融合。反之，正式制度与非正式制度的冲突将会削弱正式制度规则的有效实施，常常导致正式制度规则的"仪式化"和非正式规范作为资源配置的幕后交易规则等阻碍国家或正式组织目标实现等一系列不良的社会后果。事实上，正式制度最为健全和完善的国家或组织机构也不可能穷尽人类社会活动的所有行为规范，因此正式制度的制约范围是有限的，相对而言，非正式制度的制约却无处不在。

高校作为一个组织部门，其发展不但受到正式制度的制约，而且还受到非正式制度的制约。而这种非正式制度既有高校自身长期积淀形成的，也有国家、社会等对外部组织影响高校发展形成的。事实上，在中世纪大学起源时期，决定大学形成、发展、运营的很少是正式制度，大部分均是非正式的制度。及至德国洪堡建立柏林大学，大学逐渐由国际性演变为民族化、国家化。大学国家化程度的提高使左右大学发展的制度逐步由非正式制度向正式制度转变。20世纪中期以降，大学运营市场化趋势开始先后在不同国家出现。由此，国家、市场开始双重制约大学的发展。一方面，外部权力机构不断加强对大学的正式制度制约；另一方面，大学内部科层管理日益强化、正式的规章制度更加细化。作为维系大学发展的非正式制度在正式制度单向突进的"高压"下显得黯然失色，从而造成制度严重失衡。基于此，笔者认为，重塑大学精神、激活高等学校活力、彰显大学运营中的非正式制度因素至关重要。所以，作为主观文化因素，非正式制度是大学社会资源的灵魂，是维系大学内外部关系良性运行的纽带。当然，我们在这里强调非正式制度在大学发展中的重要性的同时，绝不是要降低或否定正式制度的重要性。

二、规范制度的功能

高校正式制度是在高校内外部交往中形成的、靠非正式约束来维持并具有持久生命力的行为规则。在高校产生伊始，非正式制度能够使关系双方共同默认、遵守，进而在无外力约束下顺利达成并执行协议，不但可以节约成本，而且还可以提高运营效率。

第一，正式制度可以促进高校社会资源的积累。随着高校非正式制度的不断演进，诸多非正式制度可能分化为两种类型：其一，经过长期检验已经得到高校内外部行动者广泛认可的、有利于高校发展的非正式制度。其二，在无外部约束条件下，某些逐步演化为不利于高校发展的"潜规则"。以高校招生为例，基于平等、诚信的非正式制度经过长期演化，发展为公众认可的"公正、公平、公开"的招生惯例。但是基于互惠、互利的非正式制度经过长期演化，可能发展为公众所唾弃的徇私舞弊等"潜规则"。由于非正式制度缺乏强制性实施机制，这就可能导致有利于高校发展的非正式制度不能保障运行，而不利于高校发展的"潜规则"却大行其道。基于此，构建正式制度是非常必要的。所谓"没有规矩，不成方圆"，就是针对正式制度的必要性而言的。还是以高校招生为例，高校外部权力机构可以将公众认可的"公正、公平、公开"惯例确定为正式的法律法规制度，强制执行。高校本身也可以制定一系列成文的规章措施，使有利于高校发展的非正式制度逐步演化为校内正式制度。同样，对于不利于高校发展的徇私舞弊的"潜规则"，高校内外部也可制定相应的正式制度加以约束。另外，基于非正式制度本身发展的滞后性，为保证高校内外部关系的良性运营，权力部门也可以根据实际情况提前进行正式制度安排。有意识

地创造出成文规则：一方面可以引导有利于高校发展的非正式
制度生成；另一方面可以避免不利于高校发展的"潜规则"滋
生。概言之，在高校制度的发展过程中，正式制度作为制约高
校内外部关系的重要规则与非正式制度同样重要。它不但可以
促使高校内外部关系良性发展，而且也可以促使和保障高校中
非正式制度的正常运营。换句话说，正式制度可以促进高校社
会资源的积累。

第二，学校规范制度的缺失将会使高校外部社会资源减少。
高校作为一个组织机构同样也需要根据自己的实际情况制定成
文的正式制度，以约束组织内部成员之间以及与外部交往之间
的关系，同时引导和保护有利于学校发展的非正式制度形成。
社会结构始终是秩序的产物，也是对秩序的再造。组织的生成，
实质上是一组行动者之间的互动关系得以建构和维系，这些行
动者置身于决策性的相互依赖的环境之中。很自然，它明确揭
示出了人类行动本质上具有不确定性。高校是社会大系统中的
子组织机构，同样也是秩序的产物。高校内诸多行动者之间的
互动关系的建构和维系同样离不开正式制度的制约。这是因为
我们并不能够保证每个行动者都会根据非正式制度规范做出理
性的行动选择。譬如，伴随着高校对外交流的扩展，高校内部
的科学家担当外部企事业单位的顾问的现象会不断增多。毫无
疑问，科学家会占用本应属于教学的时间来完成外部兼职，在
薪金下降的情况下，这种现象会更加严重。这时候，高校制定
明确的正式制度加以约束和规范就显得非常重要了。如果缺失
这种正式制度，就会影响到高校内部师生关系的和谐，学生就
会抱怨教师不负责任、学校管理不力。兼职教师的行为还会影
响到其他非兼职教师的教学积极性，进而或影响到教师之间的
关系，或促使非兼职教师纷纷效仿兼职教师，忽视教学。换句

话说，学校正式制度的缺失将会造成高校内部社会资源的减少。再如，在高校教师进行科学研究过程中，由于受功利主义影响，有可能会存在学术风气浮躁、学术规范失落以及学术造假和学术腐败等不良现象。遏制这些学术不端行为固然需要研究人员加强学术道德修养和自律，但必要的正式制度监管也是不可缺少的。如果缺少学校正式制度的监督、惩治和威慑，就有可能使学术不端行为猖獗，将会直接影响到高校的学术声誉，进而影响到外部社会对该高校的信任，使他们停止或中断与高校的联系。换言之，学校正式制度的缺失，将会使高校外部社会资源下降。

第三，规范制度参与管理是基于高校组织的复杂特性的必由之路。高校一开始是以一个单一的群体——教师和学生群体——组成的。随着高校人数的不断增多，高校机构日益庞杂，高校管理者和管理机构开始出现并不断增多。进入现代社会以后，高校逐步由一个居住僧侣的村庄，发展到一个知识分子垄断的城镇，最后成为一个变化无穷的城市，多科性巨型大学开始出现。多科性巨型大学是一个不稳定的、充满矛盾的机构。它不再是一个单一的群体，而是由若干群体组成（本科生群体和研究生群体，人文主义者群体、社会科学家群体和自然科学家群体，众多的专业学员群体，所有非学技术人员群体、管理人员群体）。面对如此众多的复杂关系，高校要维护组织系统的正常运转，不得不诉诸正式制度。一个普遍的规则是，如果不是基于选择，就是基于外部环境的压力，管理已经成了所有地方高校的一个非常显著的特征。伴随高校机构的不断扩大，管理也越来越正式化和细化。伴随高校机构的日趋复杂，管理整合高校的作用愈加重要。伴随高校与外部世界一次性的联系增多，管理承担了由这些关系带来的重任。成文的规章制度无疑是学校管理子系统中的一个重要因素。从这个意义上来说，伴随着高校组织系统的日趋复杂，制定更加正式化、细化和多样化的学校正式制度将是高校管理革命的重要方面。

总之，学校正式制度管理的加强，有利于高校社会资源的积累。同时，学校正式制度的有效实施也需要高校非正式制度提供支持。两者相辅相成，共同促进高校管理的正常运营，不可偏废或缺失。

三、影响高校社会资源集聚的规范要素

对高校而言，影响社会资源集聚的规范要素可以分为如下两种：

（1）政策性法规制度。政府制定的制度规范均为正式的法律法规条文，一旦发布在教育界就会发挥约束作用，高校若违反了这种制度规范，就会得到法律上的惩罚甚至被逐出集群。因此我们可以认为，基于政府外力行为的制度规范具有在集群中得以根植的特性，是推动规范集聚化的重要影响要素。中世纪以来，高校开始摆脱在宗教权力和世俗政权夹缝中生存的局面，宗教权力逐步退出控制高校发展的历史舞台，基于社会发展的需要，国家政治权力对高校的管理和控制不断加强。相对于高校而言，国家也需要不断积累自身的社会资源。有学者指出，政治权力在国家社会资源构建中具有以下作用：①在法律上确定新生的社会关系；②提供稳定的制度背景和制度激励，与社会资源形成互补；③用法律手段调节不同社会资源之间的冲突或矛盾；④利用国家政权的力量，构建总体的社会资源，对于能够体现社会总体价值的社会资源给予肯定、宣传和推广；⑤协调社会资源创造主体之间的关系。从中可以看出，国家在积累自身社会资源的同时也为它所管辖的高校积累社会资源创

造了有益的条件。譬如，国家可以通过法律法规促进高校新的网络关系的形成，国家可以通过法律法规调节高校内外部网络关系的冲突，国家可以通过法律法规为高校非正式制度的发展提供宏观的制度背景等。

第一，法律法规可以促进高校网络关系的扩展。以法律法规扩展高校网络关系的热潮始于19世纪中期以后的美国。在1860年人口普查的基础上根据人口比例，确定每个州的议员数，为促进大学学院对农业和机械学的发展，1862年7月9日，美国国会通过了第一个《莫里尔法案》。联邦政府决定按国会内每个参议员和代表英亩土地计算，向州政府赠送土地。如果资金没有得到使用，那么必须在5年之内将其归还给联邦政府。据统计，美国联邦政府共赠送公共土地1743万英亩，这些土地所售价格不等。尽管在实际运作中，并不是所有的资金都被用在农业和机械学上，但是，其确实获得了长足发展。更为重要的是，该法案开启了联邦政府以法律手段引导大学服务社会之先河。自此以后，美国许多大学开始主动与社会建立广泛的联系，扩展自身的网络关系。在《莫里尔法案》的影响下，身为"常青藤盟校"的康奈尔大学的创始人康奈尔提出："我将创办一所任何人可以在任何研究领域获得教育的学校。"这一思想成了康奈尔大学长期发展的办学理念。曾任纽约州议员、教育委员会主席、康奈尔大学的首任校长安德鲁怀特在其就职演说中强调，康奈尔大学不存在等级差别，所有的学习科目均拥有相等的地位。学生在学院内所付出的体力劳动不但有助于他们自身创业，而且还能够获得有价值的教育经历。科学研究不但强调所有知识领域的科学，而且还强调它们的转换过程。教育的真正目的是促进个体发展。在这些思想的指引下，相对于其他"常青藤盟校"而言，康奈尔大学在建校历程中取得了不菲的业绩。在美国，康奈尔大学是第一所授予兽医学位和授予第一个机电工程和工业工程博士学位的大学，率先在美国历史、音乐学、美国文学设立了教授职位，并成了第一个提供"美国研究课程"的大学。在世界上，康奈尔大学首开新闻学专业教学，并且授予了第一个新闻学学位，建立了第一个四年制的酒店管理学院以及工业暨劳工关系学院。可以说，没有《莫里尔法案》就不可能催生出康奈尔大学，没有《莫里尔法案》就不可能产生出康奈尔办学理念，没有《莫里尔法案》就不可能使康奈尔大学内外部网络关系获得全面拓展。换句话说，《莫里尔法案》为康奈尔大学社会资源积累创造了丰厚的土壤。

第二，法律法规能够维护高校信用机制的形成。信用机制的道德基础是"信任"，而信任对社会发展而言是至关重要的。同样，就非正式制度层面而言，信任作为高校社会资源的一种重要形式，对于高校之发展也是不可或缺的。所谓信任，就是指相信并敢于托付他人。所谓信用，是指能够履行跟人约定的事情而取得的信任。信任和信用关系密切。在鲁滨孙的一人世界里，没有信任问题。但是后来他有了一个仆人，就产生了信任问题，如果他不信任他的仆人，他就没有办法在孤岛上生存下去。高校作为一个组织机构，不但在外部交往中需要信用机制的维护，而且就其内部关系而言也需要信任意识。在传统社会里，信用机制是依靠"囚徒困境"的重复博弈而形成的。在一次"囚徒困境"博弈中，双方往往会根据各自的利益最大化原则选择不合作的行为方式，信用机制很难形成。经过重复博弈，双方会逐步意识到利他主义行为同样也是利己的。这样双方就会采取合作的行为方式，从而有利于信用机制的形成。随着现代社会的不断发展，网络关系日趋复杂，一次性的"囚徒困境"博弈无处不在，因此社会信用机制的建立会面临危机。

而基于强制措施的法律法规不但可以惩罚失信行为，而且还可以促使行动者更加积极地采取信任行为，从而使信用机制由重复博弈下的非理性形成，逐步向法律法规制约下的理性建构过渡。

第三，法律法规可以维持高校发展的习俗惯例。高校继承、传授发展高深知识的组织特性，意味着它在发展过程中需要维护自己的习俗惯例，譬如学术自由、高校自治等。进入现代社会以后，法律法规的这种维护功能更加明显。

从以上论述中我们不难看出，国家制定法律法规在参与高校社会资源积累中所起的重要作用。事实上，没有政府与高校之间的协同发展，处于国家范围内的高校是很难积累起社会资源的。在社会资源积累过程中，包括公民参与巩固国家制度，有效的国家制度创造使公民参与更有可能兴旺发达。公共机构的参与推动了普通公民中的信任规范和公民参与网络的稳步发展，促进这些规范和网络被运用于发展目标。参与的公民是公共机构的规章制度和信息的来源，同时有助于在实践中贯彻执行公共计划。但是，我们又不能不看到，国家的法律法规对高校社会资源积累的负面影响。科尔曼研究指出，政府支持的活动与社会资源之间是一种零和博弈关系，政府的卷入将会导致非正式网络的衰落，会削弱社会资源。换句话说，政府制定法律法规在保障高校社会资源积累的同时也可能会为高校社会资源积累带来负面效应。

（2）非正式制度要素。相比于正式的法律制度具有的刚性，非正式制度因为柔性和非强制性特征，在协调社会秩序中发挥了更重要的作用。高校需要制度创新，需要克服传统思维方式与操作惯性，需要重视高校中存在的大量非正式制度因素。通常来说，某一所高校或者个人行为模式如果明显与非正式制度不吻合，则集群中其他成员或高校就会逐渐在交往中对其进行排斥与隔离，当绝大多数的成员或高校都遵守这种非正式制度时，规范便实现了在集群中的根植。遵循与梳理这些非正式制度主要可以分为两大类：价值理念和习惯性行为。

第一，价值理念。价值理念在非正式制度中处于核心地位，它在形式上构成某种正式制度安排的"先验模式"。价值理念的转变是实现高校非正式制度推进功能的关键内容。高校价值理念是办学者对高校的精神、使命、宗旨、功能等高校发展基本思路的整体概括。它指导着高校的远景规划和发展方向。

高校价值理念的核心包括对"大学是什么""大学应该怎么做"这两大基本问题的价值判断。对"大学是什么"这一问题可以从高校的性质、功能、特征等角度加以分析，可以称之为目标理念；对"大学应该怎么做"这一问题的回答是在对大学的理性认识的支配下对高校发展策略的选择与认定，可以称之为行动理念。目前的难点在于"大学应该怎么做"。这一涉及高校行动策略确定背后的行动理念，往往会具体影响高校集群成员的行为取向。具体的办学目标和办学定位，学校自我发展观和人才质量观，学校位势差异所影响的信任根基和合作取向等在无形之中左右着集群成员的行为动机和行为方式。我们也会看到，获取优质资源的冲动和维护自身利益的保守、对有效合作的渴望和对竞争优势可能削弱的担忧，偏好于自身知识的最少溢出和偏好于外部知识的最大化学习，往往交杂在一起。要融通"制"与"治"，按照时代要求探索中国特色的理念现代化。具体来讲，就是要遵循合法性、合理性、合规律性、合目的性和能力性相统一的原则。

合法性即高校治理要遵守法律法规，服从和服务于国家治理的总目标。高校治理现代化要服从和服务于国家治理现代化的总目标是国家治理改革的一部分，要以国家治理现代化的目标、方向、战略为指导。高校治理是国家治理体系的一个组成部分，与国家政治经济和法律制度密切相关。随着国家制度的发展而调整、改革、完善。历史地来看，无论是中华人民共和国成立之初的社会主义高等教育制度建设，还是20世纪80年代开启的体制改革和制度完善，21世纪初提出的建设中国特色现代高校制度，高校治理始终是国家制度建设和治理体系的一个有机组成部分，是与国家政治经济和法律制度密不可分的。只有站在国家制度建设和治理体系的高度来理解和认识高校治理体系和治理能力现代化，才能真正领悟高校治理的真谛，才能使高校治理现代化遵循正确的价值逻辑。

合理性即正当性，高校之治要符合大学之道，治理现代化要遵循大学学术组织特性和知识创新与传播规律，以高校治理守护好大学之道。经历了千年发展，高校已经成为现代社会最重要的组织机构，并且其重要价值在与日俱增。知识的发现、创新与保存、传播、应用，人才的培养与培育，科学的发展与技术的更新，社会的变革与进步，文化的传承与创新及不同文明间的交流与合作等，无不以高校为基础。正如习近平总书记所指出的，高等教育是一个国家发展水平和发展潜力的重要标志。今天，党和国家事业发展对高等教育的需要，对科学知识和优秀人才的需要，比以往任何时候都更为迫切。如何保障高校组织的发展与学术的创新，如何守护大学之道，需要符合大学之道的大学之治，以大学之道指引大学之治，以大学之治守护大学之道。

合规律性治理就是要遵循治理规律，基于大学组织特性和本国国情及高等教育发展特征，探索高校与政府、社会的关系和高校内部不同治理主体的关系，建立起基于规律性与适应性的治理模式。大学理念是在外部环境与内部自主之间进行的，世界各国、各地区大学也由此形成了不同的治理模式。有的是以外部主导的治理方式为主，比如政府主导的大学治理，市场力量影响主导的大学治理；有的是以内部学术力量主导的大学治理。那么，在大学治理中究竟有无规律可以探索，有无价值可以依循？大学治理需要保持内部自主与外部环境之间的平衡，外部政府、市场与社会力量的平衡和大学内部不同力量之间的平衡，在各种力量平衡中运行是大学治理的规律性体现，是大学治理现代化的本质要求。就大学治理的内部力量而言，学术与行政、不同利益主体之间也要保持适度平衡。学术权力与行政权力，教师、学生与管理团队之间在治理中建立互信机制，形成良性大学文化，由过去的分权、制衡、分治到合作、共治，由相互制约的"张力"变革为相互合作的"合力"。

校风、校训的不同定位就是价值理念非正式制度影响的结果。校风、校训体现了一所高校价值信念、风俗习惯、文化传统、道德伦理，是高校社会资源长期积聚的结果。如北京大学的"思想自由、兼容并包"；南开大学的"允公允能"；浙江大学的"求是"；等等。洪堡大学有"学术自由""大学自治""教学与科研相统一"的校训。山东大学始终秉承"为天下储人才，为国家图富强"的办学宗旨，深入践行"学无止境，气有浩然"的校训精神，踔厉奋发，薪火相传，积淀形成了"崇实求新"的校风。

第二，习惯性行为。习惯性行为被纳尔逊和温特称为"有组织的记忆"。它使当事者能估计他人的行动，从而便于自己采取相应的行为。习惯性行为具有稳定性和惰性，并倾向随时间推移保持并传输自己的重要特性。即习惯行为能保持一定的范式并使之从一个制度传到另一个制度。因此，即使在新的制度中，习惯性行为依然会发挥作用。影响之一：长期以来，高校习惯性地形成了一种依赖政府的模式。当然，长期的高度集中管理中的政府干预本身已成为一种习惯性行为。由于学校、家庭和社区都负有教育使命，又各具优势，它们应该进行各种各样的合作，以发挥各自的优势，促进各自的发展。但是，由于缺乏合作意识，致使各自的教育资源仅为自己所用，不能共享，造成资源的闲置与浪费。影响之二：高校学术至上的极端倾向已使得它渐渐偏离社会经济发展的中心。这种习惯性行为使高校与企业和科研机构的主动合作精神和主动参与态度欠缺，依然没有很好地打开大学"象牙塔"的大门，这会影响高校社会资源集聚的进程。这种习惯性行为导致官僚化倾向和学术小团体、学术近亲繁殖的形成，成为阻碍高校长远发展的阻力，对于一所高校的发展使命关注较少，主要表现在学术责任的偏离上。一所大学应该负有培养的责任、教学的责任、指导的责任、服务的责任、研究发现的责任、学术成果发表的责任。譬如高校教师应该履行培养、教学、指导、研究发现、发表学术成果等诸多分内的事情，高校应该履行培养人才、发展科学、服务社会等诸多分内职责。对于何谓分内的事情，不同背景下的不同主体往往会从不同视角得出不同的结论。换句话说，分内的事情很难能够通过"列菜单"的方式——诉说完备。但是，"公道自在人心"，任何"责任"都不可能摆脱道德的约束。如果说从事高深知识活动的人或组织机构完成了分内事务，那么其还要必须符合道德规范的约束，这样才能够算作真正履行了学术责任。譬如，教师在按照教学工作完成了教学任务的同时，还必须遵循师德的道德规范要求。"出工不出力"不能被认为是完成了教师的培养责任。同样，行动者在遵循一定的道德规范约束的基础上，还要完成必要的分内事务，这样才能够算作真正履行了学术责任。研究人员在遵循学术道德规范的基础上，还要完成一定的科研工作量，我们才能够说他真正履了研究责任，"出力不出工"也不能被认为是完成了学术责任。另外，当行动者肩负多重分内事务时，其必须完成所有的分内事务且符合道德规范，才能够算作是真正履行了学术责任。由此来看，学术责任应该是无止境的、很难量化的。良心或道德法则是强制行动者履行事务的原动力，学术责任归根结底应该属于道德的范畴。所以，从道德层面来看，学术责任本身也应该成为高校社会资源的一个组成部分。因此，我们提出了学术责任是高校社会资源积累的道德基础这一基本命题。

第三，校园文化。校园文化是以学生为主体，以课外文化活动为主要内容，以校园为主要空间，涵盖院校领导、教职工在内，以校园精神为主要特征的一种群体文化。校园文化是社会整体文化的一部分。校园文化的特性为互动性、渗透性和传承性。校园文化建设可以提升学校的文化品位。

校园文化是学校所具有的特定的精神环境和文化气氛，它包括校园建筑设计、校园景观、绿化美化这种物化形态的内容，也包括学校的传统、校风、学风、人际关系、集体舆论、心理氛围以及学校的各种规章制度和学校成员在共同活动交往中形成的非明文规范的行为准则。健康的校园文化可以陶冶学生的情操、启迪学生心智，促进学生的全面发展。校园文化是学校本身形成和发展的物质文化和精神文化的总和。由于学校是教育人、培养人的社区，因而校园文化一般取其精神文化之含义。即学校共同成员在学校发展过程中逐步形成的包括学校最高目标、价值观、校风、传统习惯、行为规范和规章制度在内的精神总和。校园文化对于提高师生员工的凝聚力、培养良好的校风、培育"四有新人"都具有重要的意义。学校没有了千万个朝气蓬勃的学生，无论多么英明的领导团体、多么扎实的硬件设施、多么雄厚的师资队伍都不可能使得一个学校的校园拥有强大的生命力。而特定到校园文化特别是高校校园文化，基于同样的思路，大学生特有的思想观念、心理素质、价值取向和思维方式等是校园文化的核心。其本质是一种人文环境和文化氛围。在这种由大学生自己为主体营造的人文环境和文化氛围中，有校园特色的人际关系、生活方式以及由大学生参与的报刊、讲座、社团及其他科学文化体育活动和各类文化设施会作为校园文化的主要特征，充盈大学校园的各方面建设，从而使得大学校园更富有生机和活力。校园文化活动是自发的，也是自觉的，是既受社会生活影响也受自我心灵主宰的，是无处不在的，是充满现代意识的，也是反映大学生复杂心态的；是心灵的自然流露，也是充满创造力的；是受时代文化潮流影响的，也是苦乐兼备的。人生与社会、理想与追求、情与爱都会在校园文化中表现出来。扰人心怀、催人思索、引人前行或诱人堕落。校园文化在当今高等教育中应该发挥重要的作用，校园文化是常新的，但是能够保持永恒魅力的，是能够唤起青年一代心灵的，是能够激发青年学生激情的，是能够唤起青年一代高尚的独立的人格追求和高尚的道德追求。比如，校园的时代性活动等。当代校园文化建设进入了网络环境，应运而生的各种网络社团校园文化宣传站从软件上提升了校园文化的内涵。

校园文化具有如下功能：一是提升素质。校园文化的功能不是直接可以触摸得到的，然而生活在校园之中的人却时时处处可以感受得到。首先是促进师生、员工科学文化素质和思想道德素质的不断提升。素质的提升，不完全来自课堂，课堂之外的活动（包括必要的社会实践、社会调查、社会公益活动）是提升素质的重要渠道。二是塑造良好的道德情操。学生自己组织的社团活动，诸如体育竞技比赛、登山、游泳对训练体能、增强体质的好处自不待言，对于培养团队精神、合作意识、坚忍不拔的意志力、拼搏精神而言是不可或缺的手段与方式。三是营造氛围。通过各种各样的文艺、体育、军训、理论探讨，学术报告，营造一种生机勃勃、积极向上的文化氛围。学子们置身于这种环境之中，受这种精神的熏陶，耳濡目染、潜移默化，久而久之便会成为一个有知识、有教养、有进取精神，有良好气质、天天向上的人。

综上，我们讲述了影响高校社会资源集聚的影响要素，只有认清其影响因子才能在新时代的发展中对症下药，满足其不断发展的需要。

第五章

集聚高校社会资源的理性选择

　　高校从事的是人的教育，高校应该是这样一个场所，在这里能够培养独立思考能力、清晰的头脑、想象力等个人成功所必备的品质，而具备这些品质的人是社会发展进步的保证。帮助每个学生度身设计未来的道路，在公民终身教育中起更大作用，被法国巴黎高等师范学校校长于杰列为21世纪高校的两个重要使命。一所高校是否充分履行社会责任，可以用以下几个最直观的标准予以衡量：

　　其一，能够让学生满意。主要包含：一是教学质量。学校教学质量好坏主要通过专业设置、课程安排、师资队伍等方面来反映。专业设置科学、课程安排合理、老师的水平高而又认真负责学校的教学质量才有保障。二是管理服务。学校应该树立以人为本的观念，对学生一要管理、二要服务，以服务来管理，管理的目的是让学生成人成才。三是基础设施。基础设施是提高教学质量和做好管理服务的保障。一个有好的基础设施的大学会使学生增强荣誉感、自豪感、幸福感，会使学生对学校的满意度增强。四是校园文化。一种好的校园文化也是使学生对学校满意的重要条件。

　　其二，能够让家长满意。大学要让家长满意，还必须符合另外一些附加的条件。一是教育公平和学费。一方面，要做到努力满足人民群众对教育（特别是优质教育）资源日益增长的需要；另一方面要做到公平公正、合理收费，关心和解决学生的各种困难。二是学生的人格和身心健康成长。学校应该保障学生的身体健康，并且通过组织各种体育锻炼而使他们越来越强壮；同时还要加强心理咨询和思想政治工作。三是校园安全。学校要加强校园安全建设，消除危及学生人身安全的各种隐患，保证学生人身安全，让学生家长放心。

其三，能够让政府满意。要使政府对高校完全满意，仅仅是让学生满意和家长满意还不够，还应该有其他条件，那就是政府还要评估它对高校的教育投资发挥的综合效益，还要考察高校对实现政府的目标所能做出的贡献。一是发挥政府投资的效益。政府对高校投资效益的评估主要是看高校培养的人才质量和数量，看学校的教学科研成果的质量和数量。二是为实现政府的目标做出贡献。一般说来，政府对高校的期待有以下几个方面：政府希望高校能够提供更多的入学机会，让更多的人能够享受优质教育资源；为国家和社会的发展（特别是当地经济社会的发展）培养急需的人才；政府希望高校能够为文化建设、科技建设提供强有力的智力支持；政府希望高校能够配合它们的中心工作，为实现它们的具体目标献计献策、添砖加瓦。

其四，能够让社会满意。高校要让社会满意，除了符合让政府满意的条件外，还需要具备以下条件：提供让用人单位满意的毕业生；用科技创新成果为社会提供服务和智力支持；与社会各界保持良好关系，为构建社会主义和谐社会作贡献。

俗话说，"种瓜得瓜，种豆得豆"。如果我们的高等教育得不到师生的满意、得不到家长的满意、得不到社会的满意，我们的教育就是不成功的，也可以说是高校没有履行好应有的社会责任。

第一节　高校履行社会责任需要把握的若干关系

高校履行立德树人的主要目标，首先要把握好以下几种关系。

一、坚持学术自由与履行社会责任的关系

高校发展的历史展示了高校享有的学术自由和履行的社会责任贯穿着高校发展的始终，它们内在地共存于高校的发展逻辑之中。如何处理好学术自由与社会责任的关系对于各国高校来说是一个需要深入思考的问题。

自从大学创立以来，学术自由就是并将继续是使创新与创新活动成为可能的中心价值与条件。学术自由是学术工作中心的、普遍性的指导原则。学术自由是大学区别于政府、企业、其他事业单位的根本特征，彰显着大学的本质，是现代大学制度的根基。整体考察中国现代高等教育制度建立以来的一百年历史，我们可以发现中国的大学自治、学术自由虽曾有过艰辛而良好的早期萌芽，却始终未能得到充分发展，社会干预一直保持着强劲态势。对于还需完善大学自主和学术自由传统以及相应制度基础的中国大学而言，这是刻不容缓的努力方向。

如今，中国高校的学术自由有着特殊的时代背景，要更多地与责任、义务联系起来。从某种意义上讲，高校学术自由权利的获得、长期存在并持续发展是建立在满足国家、社会需求的基础上的。坚持学术自由原则和履行社会责任并不总是矛盾的。维护学术自由本身也是高校学术责任的重要组成部分。很多时候，坚持学术自由可以更好履行社会责任。另一方面，履行社会职责，也常常可以获得更高程度的学术自由、推动学术

发展。例如，高校接受政府资助开展研究，既丰富了高校教授们的研究自由，也极大地推动了学术的发展。

当代社会发展清晰地展示了这样一种事实，政府与高校的相互依赖程度越来越高，彼此间因利益的共生而逐渐形成一种战略性的合作伙伴关系，政府通过宏观管理，对高校实施适度又富于成效的控制。在这种趋势下，高校的理性选择应该是实行积极的自治，把知识创造和学术责任作为自己必须承担的职责，把学术自由和高校自治作为维护自身价值的源泉，把学术价值作为其必须拥有的最基本的价值；既服务社会又批评社会，既适应社会的发展又引导社会的发展，既满足国家当前的实际需要又发展理性的思考。

二、科学研究的责任与追求经济利益的关系

科学研究作为高校的使命越来越被政府和高校自身所看重，科学研究的责任已经成为高校教师学术责任的核心。受知识经济观念的影响，知识可以较为直接地转化为经济利益，而在经济利益的驱使下，一些能够迅速带来经济利益的实用技术知识在我国高校里的地位和作用进一步得到强化；许多与经济利益联系不紧密的人文（甚至一些社会科学）学科虽然从长远看有着很大的社会效益，却因为不具有较直接的经济效益而备受冷落。政府、企业等向高校的学术研究注入了大量研究经费，高校为了自己的生存与发展也希望更多地得到资金支持。在这种情况下，科学研究的功利性色彩也越来越浓厚。当前，我国高校必须处理好科研责任与经济利益的关系。

首先，高校从事研发工作不应以经济效益为主要指标，而是以有利于人才培养、科学发展、技术进步为尺度。否则高校就没有做好自己应该做的事情，高校在那样的方向上走得越远，

危机可能越深。其次，只有凭借科研精神与团队合作才能创造高质量、具有创新性、有成效的科研成果，而过度强调经济效益与个人收益会腐蚀这种宝贵的精神。此外，在金钱和物质面前，年轻的学者很容易失去平衡感，进而忽视对知识的不懈追求、学习科研的经历对未来生活的重要价值。研究生导师应在科研中认真履行自己的学术责任，不应该将自己和学生的大量时间用于那些与科学研究及人才培养关联不大的营利性应用研发活动。同时，还应该帮助年轻的学生在科研进程中隔绝经济利益的不良影响。

处理好基础研究、应用研究与开发研究的关系是这一问题的进一步扩展。近一二百年的科学史、知识史、大学史和经济史告诉我们，知识创新基础研究只能在高校里才能进行和持续，因为它需要长期的资源和责任。长期以来，日本政府一直将科研的责任交给大型企业，将科研经费主要用于技术开发，而不是用于基础研究，所以日本培养出了众多的工程技术人员，却缺乏理论家和思想家。作为一个经济大国，其高等教育的普及率仅次于美国，但近年来，日本只有人获得诺贝尔自然科学奖，与其国力和大学的潜力很不相称。与此相反，美国把科学研究的任务交给了实力雄厚的研究型大学，这使美国几乎在所有的基础研究领域均处于世界领先地位。美国的研究型大学也因层出不穷的科研成就和众多的科学英才而成为全球最具竞争力的大学。虽然美国研究型大学的经费主要来自政府，并不刻意追求与产业界的合作，但是它们的创新能力却比那些忙于从产业界获得资金、经常从事目标导向研究和应用开发的大学更强。

因此，我国的高校在履行科研责任的过程中，必须把握好基础研究、应用研究与开发研究的关系。研究型高校应该以基础研究作为科学研究的主攻方向，适度参与技术转移，以催生重大原创性成果和世界级学术大师；教学型高校要以人才培养为核心使命，兼顾科学研究，但研究层次和方向应该以应用研究为主，并通过科研工作锻炼本科生和研究生的专业应用能力和素质、拓宽学生的知识视野、启发学生的创新意识、培养创新能力。

三、社会短期需求与高校长远发展的关系

高校的建设不能时时刻刻围绕着社会需求来发挥其功能，虽然高校必须对社会各方面的发展保持敏感，以便了解社会的发展趋势和需求，获得学校调整发展方向和与社会环境维持良好关系所必需的信息。但是，又不能完全陷入社会生活的所有领域。一方面，因为市场总是多变的，但人才的培养和具有原创性特征的基础理论的形成都是需要在稳定的、持续的教学和科研过程中逐渐积累而完成的。另一方面，一味迎合即时的社会需求、追求短期的经济或社会利益就很有可能遮蔽社会真正的需求，贻误学校制定和实现较长远的战略计划的重要时机。正如日本教育家永井道雄所说："当大学与企业结合得过于紧密，学术上又过于反映出实用性的时候，大学的创造性就会枯竭。"高校如果徒以适应眼前的需要为目的，可能会使高校放弃长远的责任。强调高校无条件地满足社会的需要，跟在社会或经济发展的后面亦步亦趋，不仅会泯灭大学精神，而且也会给社会的发展造成损失。

高校的近期利益与是否适应社会某一时期经济、政治的需要密切相关，但高校的长远发展却必须遵循高校的内在逻辑。高校对于社会而言有适应的一面，更有超然的一面。我们应把握好开展社会服务的限度，"有所为，有所不为"。从近期目标出发，我们应关注的是高校在从事社会服务时是否坚守了"象

牙塔"精神，是否维护了其作为学术组织的内在规定性，而检验的标准就是高校是否坚持了高质量的人才培养以及高水平的科研产出；从长远目标出发，无论是社会人士还是教育人士都应明确，高校只有坚固其学术根基才可能为社会做出卓越的贡献。高校本质上是一个理性的组织，我们也相信高校能够正确处理个体和整体、长远与眼前利益的关系，有以统一性、整体性为思维和决策基础的远见卓识。

第二节　高校社会资源集聚路径选择

一、基础——树立"高校社会资源观"

随着全球化、信息化及高等教育大众化时代的到来，高校要与时俱进、适应社会发展的要求就必须不断扬弃传统的社会资源观、树立新型的高校社会资源观，这是提升高校组织凝聚力和核心竞争力的思想基础。对外来讲，进一步宣传和创新社会资源理论，力求在全社会树立正确的社会资源观念，拓展社会资源理论的研究领域，并将这一理论与实际生活相结合，使人们认识到社会资源理论的含义极其重要理论和实践意义，从而为高校社会资源的培育奠定思想基础。对内来讲，就是要使学校所有成员（即所有教职员工、管理人员、学生）都能清楚地认识到高校内、外部社会资源对于一所高校发展的重要作用，增强积极主动培育社会资源的意识，从而有效地利用和维护各种已有的抑或是潜在的高校社会资源，最大限度地发挥高校社会资源的积极作用。学校与其他所有的组织一样，要承担教书育人、科学创新、社会服务等使命，维持生存与发展就必须从社会输入各种资源。这些资源不仅包括人力资源、物质资源等有形资源，还包括声誉、信任、地位等无形资源。基于资源的价值性和稀缺性，任何学校都不可能获得充足的、独享的、专有的各种资源，必须树立"社会资源观"或称"虚拟资源观"，改变资源利用范式，从整个社会范围寻求资源，建立起开放、多元、灵活的资源整合机制，而汲取"社会资源"就成了学校社会资源生成的目标取向。

（一）"高校社会资源观"的内涵

组织管理学认为，组织拥有的所有资源是有限的，组织资源的有限性对组织目标的确定有很大的影响，一个组织能否调动更多的资源来支撑本组织目标的实现，充分表明了该组织调配资源能力的高低。一个成功的组织不仅应能够将自己的有限资源运用好，而且还要广泛调动社会其他资源帮助自己更好地实现目标。组织资源是有限的，这就要求组织充分、有效地利用这些有限的资源，使之发挥最大的效用。组织之间尽管其存续的目的不同、形态不同，但都必须拥有一些资源，否则就无法维持自身的存续，就好像一个人没有必要的食物、水、氧气等资源的补充，人就不能生存一样。一个组织要想存续至少需下述几种类型的资源：一是人力资源。人力资源是指组织中拥有的成员的技能、能力、知识以及他们的潜力和协作力。人力资源是所有组织的必需资源，而且是最重要的资源。二是金融资源。金融资源是指货币资源和现金。在现实社会中，由于货币资源和现金可以用来购买物质资源、人力资源等，故一个组织拥有的金融资源实际上也反映该组织拥有资源的多寡。更何况，货币资源和现金还可以迅速流通，以捕捉机会、获得收益。三是物质资源。物质资源是指组织存续所需要的诸如土地、厂房、办公室、机器设备、教学设施、各种物质材料等物质。对一个组织而言，物质资源的多寡也可表现为其拥有的财富的多少。四是信息资源。信息可以有两类：一类是知识性信息；另一类是非知识性信息。

信息资源对组织的存续而言是非常重要的，一个组织没有一定的信息资源就等于一个盲人。五是关系资源。关系资源是指组织与其他各方（如政府、银行、企业、学校、团体、名人、群众等方面）的合作及亲善的程度与广度。组织的存续不是孤立的，它必须与其他的组织保持密切的关系，而这种关系有时会非常有助于组织目标的实现。具体来讲，新型的"高校社会资源观"应包括：

其一，高校自治、学术自由。高校自治是高校运作的基本原则，从高校机构的独立性来讲，高校自治就是理顺高校与政府的关系，使高校能够拥有一定的治理和发展自主权。也就是说，高校应该妥善处理好与政府、社会的关系，拥有一定的独立的人事权、财务权、决策权等。学术自由是指高校成员为了学术目的和学术价值而享有言论、教学、发表、出版等自由权利，也就是教职工能以自由的方式探讨学术问题而不受政治、团体、金钱的限制，以求思想与学术观点的自由沟通和交流。大学自治是学术自由的保障，学术自由是高校自治的具体表现。正如梵蒂冈格利戈里大学校长赫威·卡里耶教授所言："大学应向社会、也向政治家证明，它能够对经济发展和社会福利的提高做出重要的贡献。但大学在执行政府的发展纲领和回应现代经济的要求的同时，应当竭力保持本身的自主性。"[1]清华大学原校长梅贻琦先生也十分重视"学术自由"问题，并始终把学术自由作为办学治校的基本准则。因此，当时无论是在清华大学还是西南联合大学，都呈现出一种"万物并育而不相害，道并行而不悖"的学术生态环境，名师教风各异，学派林立、争鸣常闻，学术水平不断提升。梅先生认为，学术自由和高校自

---

〔1〕〔英〕赫威·卡里耶："大学的文化模式"，黄训译，载《外国高等教育资料》1998年第3期。

治是现代大学的命脉，切断了这个命脉，高校的一切就会失去生机。

其二，合作互惠、面向社会。高校发展与社会密不可分。高校在保持主体性的同时尽可能地去适应和服务社会，才能更好地履行自身的职能，高校本身也会从与社会的多方面的交流合作中获得发展的动力、财力和活力。因此，作为未来知识发展龙头的高校理应树立"合作互惠、面向社会"的新资源理念。面向社会是高校办学体制的重大改革，是强化高校办学效益的有效措施，是"利益机制"和"责任机制"的契机点。随着科学技术的突飞猛进（特别是全球化知识经济的悄然推进）高校在社会发展中的作用日益凸显。高校要想获得可持续发展，必须具备一定的人力、物力和财力，而这些社会资源的获得必须通过与社会中各种企业、组织的合作共赢，而不是闭门造车、远离社会。笔者认为，高校只有植根于社会、扎根于社会生活，才能获得长青之树。从根本上讲，高校的辉煌不在于其自身的建筑有多高、多大，而在于它是否真正起到引领社会的作用。例如，斯坦福大学通过出租土地、科研投入、技术转让、合作开发、在职培训等方式有力地促进了硅谷的腾飞，而硅谷的繁荣也进一步推动了斯坦福大学从一所农村式的俱乐部一跃成为享誉世界的高等学府，不仅财源充足、设施先进，增强了学校的适应能力和应变能力，而且提高了工作效率，教学、科研成果丰硕。

（二）树立"高校资源观"的策略

既然高校社会资源生成的目的或者目标取向是汲取学校社会资源，那么学校社会资源的生成首先要求学校行动者确立"高校资源观"，要学会如何投资和利用社会资源，提高社会资源的利用效率，并保证其不断增值。

1. 培育"资源成为资源"意识

资源最基本的意思是资财的来源，它能转变为满足我们需要的资财，这种转化需要我们人类的智慧劳动。由于资源相对于人类需要的"稀缺性"，人们在追求资源资财化的过程中一直期望这些资源不仅能保值，更要增值。也就是说，人们利用资源从事生产、经营，不仅要保本，更要逐利。在人们强烈的资源化的思想影响下，那些被我们用来保值增值、保本求利的资源成了我们生产经营的"本"。"本"是要求"利"的，以本求"利"，"利"从本"生"。这样那些作为静态的"资源"会在投资与利用的过程中转化成"资源"。"当资源在市场中被投资以产生期待的回报时，它们就变成了社会资源。"这些资源不仅包括传统的物质资源、人力资源，而且包括社会资源。基于人们对利益最大化的追求，资源的资源化成了每个人行动时的必然选择。在传统农业时代和自动化工业出现以前，人们比较看重土地、资金、机器、厂房、矿藏等物质资源的资源化，古典资源理论对此进行了比较系统的论述。20世纪年代，一些经济学家（如约翰逊、舒尔茨、贝克尔等）开始认识到人的知识、技能在生产中的价值。这样，以知识传播、技能培养为本职工作的教育与培训就被认为是最具投资价值的部门了。从此，世界各国开始重视人力资源的开发（即人力资源的投资），每个人也都成了人力资源投资的主体。

2. 处理好教育资源与社会资源的关系

教育社会资源与学校社会资源的关系十分紧密。一般说来，教育是一种促进人社会化的活动，而学校是专门促进人社会化的场所。学校是教育的场所，教育除在学校进行外还必须在社会、家庭进行。许多教育社会资源都可以备用于学校而成为学校社会资源，学校社会资源必然是社会教育资源。教育社会资源作为社会资源和教育资源的"合集"是潜藏在社会关系网络中的能被用于教育的各种资源，这些资源既可以指包括人力资源、物力资源、财力资源、信息资源和环境资源在内的各种有形教育社会资源，也可以指包括信誉资源、精神资源和专利资源等在内的无形教育社会资源。同样，学校社会资源作为社会资源和学校资源的"合集"，是潜藏于社会关系网络中的各种资源。据传松涛等人的研究，教育社会资源有两个基本特点：其一是待开发性，它必须"经过教育社会成员自觉能动地赋值、开掘、改造、利用和养护，教育社会资源才能转化为现实的教育社会的有机构件，发挥现实的教育社会功能"。其二是人为命定性。教育社会资源是人们主观命定的，其在大多数情况下是与社会或他人共有的，其与人类的其他社会资源具有同构性和全面性，其边界具有不确定性，其职能具有不确定性。教育社会资源并不是现实的教育财富，而是教育财富的潜在形态，它必须经过人们自觉能动地"赋值、分割、划属和利用"才能被学校利用和增值，支撑学校的生存与发展。学校社会资源与社会教育资源具有相同的特点和属性，学校社会资源要转化为学校社会资源也必须经过学校行动者对学校社会资源的"赋值、分割、划属和利用"。

3. 必须明确学校社会资源生成的过程和规律，十分清楚学校如何才能更多地获取和占有社会资源

首先，要进行学校社会资源的生产，学校行动者必须具有明确的获取社会资源的意识，明晰好的社会资源的标准。关系对表达性行动维持资源的行动和工具性行动获得资源的行动都是有效的，行动的成功与社会资源正相关，实现目的性行动的一个简单的策略就是接近自身拥有或能够获取更高价值的资源的行动者。其次，学校社会资源的生成具有高质量的嵌入性。

资源的获取是有规律可循的，是可以主观操作的。学校行动者必须遵循这些规律性联系。一是结构位置的优势，又称"地位强度"命题。初始位置越高越便于与其位置相似或更高的人联系，而且这些联系的位置上的行动者所拥有的较好的社会资源也能被行动者所利用，从而获得更多更好的资源。二是社会关系的优势，又称"强弱关系"的命题。该命题认为，组织的强关系和弱关系都有助于社会资源的获取和使用。建立在情感、信任与互惠、共享资源和生活方式基础上的紧密的强关系有利于维持和强化既有的资源，满足表达性的行动目的。而以更小的密度、强度、交往频度，更少的义务和互惠为特征的弱关系是联系拥有不同资源的不同圈子的"桥"，其成了行动者与更多的非相似资源联系的纽带，方便异质性资源的获取。三是网络位置的优势，亦即"位置强度"的命题。该命题认为，个体越靠近网络中的桥梁，他们在工具性行动中获取的社会资源就越好。

二、载体——构建"高校社会关系网络"

高校社会关系网络指的是高校作为一个社会行动者，与其他社会行动者之间的关系的集合。现代高校与传统高校不同，是一个开放的系统，其对内、对外的关系网络是现代高校运行的重要载体。

（一）加强外部高校关系网络

广泛的外部高校网络关系是集聚高校社会资源的主要载体，特别是高校处于承上启下的中轴点，更要重视加强外部高校网络关系。

首先，加强高校与政府的关系。高校是社会科学知识的"孵化器"，政府也意识到了高校对产业发展、社会发展的巨大推动力，尤其是高校在地区经济政策的制定过程中所发挥的作用日渐增大。反过来，政府和产业界对高校发展也施加了一定的压力。高校里的知识分子很多时候都可以直接成为政府决策的核心人物或智囊人物，如在美国，历届总统的科学顾问和各类事务顾问大多来自一些研究型大学。高校可以通过不定期开展各级政府干部的理论和业务培训的形式不断加强高校与当地政府的联系。对高校而言，当地政府从某种程度上控制、制约着高校的经费，不同类型的高校所获得资金是有限的。但是国家规定，政府应按不同的办法对合理的教育收费项目进行规范，并通过"费改税"纳入税内管理以及归入"规费"和"使用费"系列的政府收入，或作为过渡办法，暂时单独编制预算（亦可称作第二、第三预算）；或一步到位，纳入统一的政府预算。粗略估算，将各种税外收费项目通过"费改税"和"规范费"两种办法加以规范并纳入财政预算管理之后，我国财政收入在 GNP 中所占的比重有望达到 25% 左右。从中拿出平均不低于 15% 的资金用之于教育，财政性教育经费支出占 GNP 比例的提高，便有了教育资金划拨的基础。这样一来，高校通过合理的竞争、不同形式的政府与高校之间的联系就能获得相应的财政支持。

另外，政府要制定相关的政策、法律法规来规范高校以及与高校相关的行为主体的活动，尤其是要避免权力寻租现象的发生，用法制手段调节不同形式的主体之间的矛盾与冲突，这不但有利于增强高校主体地位，而且为高校社会资源开发与利用创造有利环境。

其次，加强高校与企业的关系。加强高校与企业的关系是一个双赢的举措。一方面，企业可以利用高校的科研优势，开发企业的新产品；另一方面，高校可以在将其科研成果转化为生产力的同时获得经济收益，增加高校的社会资源集聚的渠道。目前，高校与企业之间的联系途径主要有以下三种：

第一，企业与学校实行单项技术合作。单项技术合作是社会资源进入高校最广泛、最普遍的一种方式，它大致包括高校技术转让、校企共同开发技术、企业委托高校开发技术等多种形式。在这方面，中南大学做得非常好，每年通过此种合作，可实现上亿元的引资。1998 年至 2000 年，中南大学单独以技术转让形式引进资金 1.23 亿元，成效卓著。

第二，企业与学校合作建立研究中心。为了提高我国企业技术创新能力，国家经贸委就要求大中型企业建立各自的技术研究中心。企业在高校现有科研基础上，投入资金共建研究中心，是一种既省时省力又经济高效的一种方式。

第三，以技术入股的形式组建公司。目前，这是社会资源把触角伸进高校内部最深入的一种投资方式。学校与企业之间实行利益共享、风险共担，直接把科研人员、科研成果推向社会，最能体现市场经济的原则。

再次，加强高校与其他高校之间的关系。为了实现高等教育可持续发展，必须建立高等教育资源运作机制。虽然高校不是以创造物质财富为目标的经济部门，但也应该注重投入产出比，也就是投资效益的问题。所以，加强与其他高校的联系也是提高教育效益的重要途径。借鉴企业集群的发展，高校也可以通过高校集群的方式实现对资源利用的最大化。高校集群指的是大学的界限逐渐变得模糊，是与其他高校之间组成的综合体，它们之间的关系不再是各自为政，而是在办学过程中处于同等地位的高校之间产生的社会资源，也是竞争与合作所产生的社会资源。集群中的高校之间共同进行教育教学、技术开发、社会服务，知识交流、科学研究等。比如，不同高校之间的学分互认、访学师生、科研交流都是很好的集聚途径。

最后，加强高校与校友之间的关系。学校的历届毕业生走上社会，他们的工作成就不仅是学校水平和声誉的重要体现，而且校友本身就是学校的一笔巨大的财富，校友对母校通常都有一种浓厚的感情。成立校友会既可以联络校友的感情、加强校友的交流和提高学校的质量与声誉，同时还是集聚社会资源的一种有效的方式。同时，校友所发挥的马太效应也是非常明显的。通过不同的联系活动，在扩大学校知名度的同时，也可以吸引各种社会捐资助学。

（二）加强高校内部关系网络

组织行为学认为，组织内部凝聚力的高低影响员工的士气、集体感和组织效率。因此，只有建立认同的发展目标，才能使学校教职工关注学校的长远发展，并将个体的发展与学校发展相结合，形成上下一致、畅通和谐的关系网络。在这种关系网络中，价值观一致的师生员工能自觉地进行换位思考，"急学校之所急，想学校之所想"，在面对困境的时候，能够做出有利于学校大局的行为选择。这是对学校内部社会资源的开发，同时也能为外部社会资源的集聚提供稳定的内部支持。

（1）积极培育大学生开发、集聚社会资源的自觉意识。高校要利用一切有效的手段和适宜的场合，对大学生进行社会资源培育方面的教育，培养他们积累社会资源的自觉意识，鼓励他们主动开展各种有利于社会资源培育的活动。一方面，高校可以在教育教学的基本环节中渗透培养大学生社会资源意识方面的教育。在课程教学过程中，可以开设求职心理学、交友心理学、社会学、社交礼仪、应聘技巧等一系列就业指导课，普及社会资源的相关知识，进而提高大学生构建良好的人际关系网络、积累丰厚的社会资源的意识和能力，推进大学生由"个体化"成功走向"社会化"。另一方面，高校要引导毕业生正确理解和恰当运用社会资源。应当注意引导大学生建立起健康、合理的人际关系网络，避免在发展社会网络的过程中过分追求和滥用社会资源甚至对其产生依赖心理，导致现有的世界观、人生观和价值观的异化。

（2）积极鼓励教师开发、集聚各种社会资源。高校拥有不同学科和不同专业的教师，他们的社会资源存量丰富。一般而言，高校平均教师数量在 600 人至 1000 人不等，他们有着范围不同的社会关系。因此，我们应该积极鼓励教师挖掘身边的社会资源，走出自我封闭的圈子，从而为高校发展服务。要充分调动教师开发社会资源的积极性，首先必须培养教师对高校的信任和集体荣誉感。我们可以通过各种形式的培训、节假日联欢、拓展训练、户外活动等集体性的活动，以及福利政策调整，着力解决教职工最关心、最直接、最现实的利益问题。这样不断地在活动中提高教师们交流、合作的意识和能力，实现资源互补，形成相互尊重的习惯，建立一致性的价值目标。

（3）加强师生与管理层之间的关系。传统的行政管理体系不利于高校社会资源的培育，这是因为行政管理层与师生之间有种陌生感和距离感，对二者之间的沟通和交流造成了一定的障碍。再加上传统管理体制的弊端，管理层与师生之间的界限非常明显。只有形成高校内部的团队合作才能为师生员工提供更多的空间，这就要求高校管理层以平行的姿态给予师生更多的服务和支持，不断协调管理者与普通师生员工之间的隔阂，促进高校内部师生与管理层的信任，从而最终形成教职员工的归属感，促进高校内部社会资源的培育。

（三）充分发挥大学校长的作用

校长是学校的领导者、组织者和经营者，是一所学校的灵魂。正如陶行知先生指出的那样："校长是一个学校的灵魂，要想评论一个学校，先要评论他的校长。"我国高校实行的是"党委领导下的校长负责制"，"校长负责制"强化了校长作为一所学校决策领导层的重要角色，突出了校长在一所大学的发展过程中具有举足轻重的作用。高校校长的社会资源是以高校校长本身为中心结点的网络体系、社会声望和信任的总和。在中国高等教育史上占有重要地位的西南联合大学，其之所以能取得举世瞩目的成就，与梅贻琦校长的作用是不可须臾分开的。"梅贻琦具备了一个教育家的眼光和才干，他勤恳、严谨、公正廉洁、民主自律，博得了师生的信任，树立了很高的威望。""他使同仁觉得学校是我们大家的，谁都有一份儿。"[1]从某种意义上说，高校校长的作用就是要编织、运营和发展高校内部和高校外部的各种网络关系，高校内部各部门之间、高校与外部各组织之间在改革发展过程中发生的各种联系从表面上看是组织或机构之间的关系，实际上却是领导这些组织或机构的人与人之间的关系。

校长的行为是嵌入于组织的社会行动之中的，其社会资源的构成表现为网络的数量和质量。这些网络按类别可以划分为，校长与学校其他领导之间、校长与教师之间、校长与一般员工之间、校长与学生之间的内部社会关系网络；校长与政府部门等组织构成的外部环境网络（指校长与上级政府部门，尤其是上级教育行政主管部门之间的关系网络）；校长与家长之间构成的关系网络；由校长个人的血源网络、地源网络及学源网络构成的个人网络。高校校长通过在高校内推行高信任度体系，建立高校内关系网络的信任规范，能够提高高校内部合作效率，

---

[1] 盛冰："浅析西南联大联办的特色"，载《广州大学学报（综合版）》2000年第2期。

降低可能由不信任产生的监督成本，从而使高校获得更加宽泛和稳定的内外部社会资源。需要指出的是，强调高校校长的作用并不是任高校校长权力滥用，还需要加强监督，通过对以价值观和方法论为表现形式的学校文化的塑造，形成适合个人的个性、智能的机制，让高校校长能兼顾长期价值与近期价值、理性价值与感性价值。

三、核心——提升高校社会信任

高校的社会信任是高校社会资源集聚的核心。"信任是一种稀缺物品：它能够自然地产生也很容易被破坏；它能够通过坚定地采用开放而且诚实的方式而形成"，"速度、贪欲和私利导致个人和组织道德上（以及财务上）的破产。真诚和相互尊重才能培育出信任"。[1]提升高校社会信任可以通过以下途径：

（一）加强高校法治建设，建立现代高校教育制度

依照法制规则实施现代高校治理是高校管理理念和管理方式的重大变革，要健全高校法治建设，实现高校管理运行的制度化、规范化和法治化。法治建设包括落实学校法人地位、争取办学自主权、财务管理体制、预算管理制度、国有资产管理制度等。这些制度的完善不仅可以促进高校的规范化，而且可以推进依法治校，强化科学管理。《国家中长期教育改革和发展规划纲要（2010—2020年）》更明确提出："推进政校分开管办分离。适应中国国情和时代要求，建设依法办学、自主管理、民主监督、社会参与的现代学校制度，构建政府、学校、社会之间新型关系。""落实和扩大学校办学自主权。政府及其部门要树立服务意识，改进管理方式，完善管理制度，减少和规范

---

〔1〕 ［英］萨利·毕培、杰里米·克迪：《信任——企业和个人成功的基础》，周海琴译，经济管理出版社2006年版，第1页。

对学校的行政审批事项，依法保障学校充分行使办学自主权。"
"以简政放权和转变政府职能为重点，深化教育管理体制改革，提高公共教育服务水平。推进中央向地方放权、政府向学校放权，明确各级政府责任，规范学校办学行为，促进管办评分离，形成政事分开、权责明确、统筹协调、规范有序的教育管理体制。"

（二）加强高校道德建设，履行高校社会责任

我国学者尹晓敏通过研究指出："大学与社会间存在的所有联系是以社会责任，亦即特定的社会寄希望于大学履行之义务，对大学所寄托的在人才培养、科学研究、社会服务等诸方面的期望为纽带而建立起来的。大学的社会责任是从对大学与社会的关系研究中衍生出来的。"因此，提升高校的道德水平：首先，必须树立师生员工的道德意识。其次，必须树立核心价值观。学校价值观是学校判定某种行为的好坏、对错以及是否有价值（价值大小）的总的看法和根本标准，是学校推崇的并为学校全体（或多数）员工所认同的价值观。这种价值观是高校精神文化的核心和灵魂，诚信是高校道德建设的重中之重，也是与高校社会信任密不可分的。高校诚信不仅与社会、政府有关，更与一所高校的所作所为有关。要加强诚信就必须从以下几个方面进行：一是健全有关制度，对失信行为进行约束和惩罚。如清华大学制定了清华大学《关于学术不端行为的处理办法（试行）》、中国人民大学制定了《研究生学位论文学术不端行为处理暂行办法》、武汉大学制定了《武汉大学教师职业道德规范》等。二是建立和推进学校诚信管理体系建设。山东经济学院。三是加强高校的组织管理。过分追求效率的工具主义管理模式漂洗了学者们研究自由的学术精神、降低了他们的工作热情、削减了高校的凝聚力、磨灭了组织的创新能力。在这

种情况下，学者们必须按照效率优先的原则，至于关键性的学术信誉问题，不知被放到何位。这种行为不仅发生在大学的教学过程中，还出现在科研过程和服务过程之中。这样一来，效率优先的市场原则最后却导致了高校组织的道德沦陷。因此，我们必须加强高校的组织管理创新，建立一支专门的队伍进行管理。

（三）加强高校品牌建设，提升高校社会信任

耶鲁大学的亨利·汉斯曼教授把高等教育定义为"Associative Good"，是一种关联品。一个大学一旦建立一个很好的品牌，潜在的需求者就更愿意上这个大学。也就是说，一所高校一旦建立自己的特色品牌，所培养出来的大学生受到社会的欢迎，它的社会信任度就会高。因此，高校应该加强品牌建设，避免"一刀切"，一个模式办学。这就需要做到两个"有效"——有效前提和有效保障。

"有效前提"——进行高校内部管理体制改革，提高全体教职工品牌管理意识。全球最有影响力的战略管理大师迈克尔·波特说："战略形成的本质，本来就是为了应付竞争的需要。""环境决定战略，战略决定组织。"这句企业战略名言同样也适合高校品牌建设。它强调了组织是因为战略的存在而存在，同时又明确了组织对实施战略的重要作用。品牌战略作为高校的重要组成部分，同样需要相应的组织结构来支撑品牌战略的实施。品牌管理是一种思考方式、是一种资源再造、是一个动态的经营系统。我们必须用最大的智慧尽最大的努力去建立一个好体制，然后用这个体制去吸纳人才，赢得竞争的治本之道。有了一个能够充分调动人的积极性的体制就可以吸引到人才，有了人才就不愁没有品牌创新。同时，我们要将品牌意识渗透到日常管理工作和全体师生员工的心中，通过校内部门单位的

彼此协调、整合，产生整体性的创新活动，塑造学校的完美形象。

"有效保障"——制定品牌质量管理体系。从高校战略管理的角度来看，应该融高校品牌管理与日常管理为一体，并在日常管理中去有效执行。定位是品牌管理中最基本的任务，根据高校社会资源集聚的影响因素，我们可以运用SWOT分析高校自身的优势、劣势、挑战、机遇，分析各因素之间的相互影响，重点分析高校内部人、物、资金、信息、技术各因素内部及其之间的相互作用，以调动人们的积极性和创造性。从管理学上来讲，管理的过程就是对"两大要素"及"三大系统"进行"SWOT分析"—"定位"—"实施"—"评估"的全过程，并在整个管理过程中不断"反思"和"监控"。这个过程是循环互动的。面对高校之间激烈的竞争，只有采用科学的品牌经营理念、制定品牌质量管理体系才能为提升高校社会信用提供有效保障。高校作为非营利性组织，产品的特殊性决定了品牌经营的弹性和难度，培养出具有社会竞争力、全面发展的人才是品牌质量管理体系的目标，融合到日常教学行政管理中去。品牌经营需要经费的保证，否则品牌规划就如"巧妇难为无米之炊"。是锦上添花，还是雪中送炭，政府必须确保能在"均衡拨款"和"马太效应"之间找到一个平衡点，制定相应的品牌高校管理制度，既支持一般大学办下去，又能支持部分大学出精品。

四、补充——消减高校社会资源负效应

由于高校社会资源自身存在的负效应，因此有必要对其进行消减。这一行为构成了社会资源集聚化路径中的补充。

具体而言，可以采用如下行动消减高校社会资源存在的负

效应：

（1）保持高校集群的合理规模。高校集群的合理规模能使社会资源存量保持在一个合理规范的区间，内部社会资源和外部社会资源达到最优配置，社会资源才能发挥出最大效益的、正向性的外部拓展性。为了获得生存的自主权，高校必须时刻准备着主动调整自己的航向。但是，这并不意味着高校就要成为社会发展的"风向标"，因为丧失了基本职能和学术责任，高校同样会面临灭顶之灾。严格说来，中国当下的大学大多还没有意识到这种生存危机。在某种程度上，高校依赖于政府、高校自视为"事业单位"的心理仍广有市场。基于此，高校要生存，必须建立广泛的而不是单一的外部网络关系。高校不但要与政府保持密切关系，而且要与当地保持密切关系、形成良性竞争，合理地发展规模，充分发挥"康奈尔大学模式"与"威斯康星思想"的办学理念。高校不但要与众多的企业组成科研联盟，而且还要与地方上的其他组织机构建立良好的伙伴关系。高校不但要与校友保持密切的亲情关系，而且还要得到社会上其他个人的广泛认同和支持。只有这样，高校的经费才能够实现来源多样化，高校的教学和科研才能够得到保证。简言之，只有高校不受制于单方面的压力，高校基业才能常青。

（2）规范政府行为。省属类高校一般处于低水平的社会资源集聚状态，而政府行为往往很强势，存在对高校管制过多的事实和现象，这样会挫伤高校的积极性。因此政府在日常管理中应规范行为，将主要精力放在为高校服务上而不是干涉高校的具体教学和经营。

（3）构建适合本高校的文化规范。规范的文化制度是组织顺利开展的润滑剂。适合高校的文化规范应该在崇尚严格的控制和一味提倡自由之间、在办学自由和合法经营之间、在教授自治和规范教学之间找到平衡点和切入点。否则，要么造成教职工的不稳定，要么限制高校自由发展，要么使高校失去自身的文化特色，从而使优秀高校个体被迫离开高校群体。要促进政府、高校、企业之间建立密切的三重螺旋关系。高校与政府、企业之间的传统关系往往是基于线性的网络关系，主要表现为高校接受政府资助，为国家培养人才高校与企业合作，进行产学研开发。这种结构性的制度安排在相当长期的时间内基本没有较大变化。在传统的制度安排继续有效的情况下，由于科学发展观临的边界跨越趋势，构建"高校-企业-政府的三重螺旋关系"尤显重要。这种关系在未来的社会中将是各国创新战略或多国创新战略的关键组成部分。就高校而言，学术界对于生产部门的问题感兴趣绝不是新的情况。当下高校与外部（特别是与本地方其他高校）建立长期的合作关系已经不仅仅是丰富他们研究内容这样单一，而是直接关乎它的生存合法性问题。

结 论

现代社会发展瞬息万变，经济的快速发展、技术的频繁更新、管理体制的优化都给高校的发展（特别是高校的发展）带来了挑战和不确定性，在这样一个复杂的文明社会中，高校的发展，除了积累经济资源以外，我们更需要集聚社会资源。

诚然，仅靠高校社会资源并不能促进高校的发展，但需要强调的是，人力资源效能和物质资源效益的最大限度发挥都离不开社会网络和制度规范。高校社会资源集聚通过对内外关系的协调、对互动能力与合作潜力的开发来增加物质资源和人力资源的收益，对提高学校综合实力具有明显的增值效应。高校社会资源集聚在挖掘高校社会资源，创造良好办学环境，促进高校合作、创新，提升办学效率，实现高校和谐、可持续发展等方面都具有不可替代的作用。高校社会资源是高校不可替代的重要资源，应该引起我们的重视。本书按照高校社会资源的结构划分，对社会资源集聚的模式进行了阐述，通过这种划分可以看出在不同的历史时期高校社会资源集聚模式并不相同，但其内涵又有着一脉相承的共同性，即培养人才、传授知识与高深学问的研究。

高校社会资源集聚受到社会政治、经济与文化发展的影响，与社会发展的特定历史阶段密切相关。高校承担并完成其资源集聚，必须有正确的理论对其加以引导，并要正确处理好学术责任与社会责任、科学研究与经济发展等之间的关系，并最终落实到人才培养最根本的使命和责任上来。笔者呼吁从高校内部的全体师生员工，到高校外部的政府、企业、校友、社区等，从现实地接触到虚拟的联系，从外部资源到内部资源的融合，多层次、广渠道、多元化的集聚高校社会资源。同时，充分发挥高校校长的重要作用，以及协同人力资源、物质资源等其他资源形式的"黏合""润滑"作用，合力提升高校竞争力，是实现高校可持续发展的必由之路。

"欲求物有所变，必先立诸己身。""适应"社会需求和"引领"社会进步的统一，乃是现代大学的题中应有之义。笔者认为，高校社会资源集聚要通过树立"高校社会资源观"、构建"高校社会关系网络"、提升高校社会信任、消减高校社会资源负效应的途径，实现高校社会资源的集聚为高校发展服务。

在我国高等教育大众化、市场化、信息化的过程中，强调高校社会资源有利于我国高等教育品质的提升。高校不应被动地集聚资源，而要主动地拓展更高的社会资源。对社会不负责任的高校迟早要被社会抛弃；与社会和谐联动发展的高校，才能永葆活力、基业长青。

集聚社会资源不仅是高校的现实需要，也是高校获得社会承认的有效途径。笔者对高校应集聚哪些社会资源、该怎样集聚社会资源这两个问题进行了回答。需要强调的是，很多有关问题的最终解决不是高校的力量可以单独完成的，还要整个社会系统的配合，社会制度与思想意识与观念的转变。笔者希望引起更多的学者对此问题的关注，为进一步深入研究提供参考，也为我国高校的全面协调可持续发展提供有益的理论借鉴。

附 录

调查问卷及访谈提纲

一、高校外部社会资源情况调查问卷

问卷填写时间：

贵校名称：

贵校层次：

贵校级别：部级□；省级□；市级□

贵校类别：普通学校□；职业学校□；公办学校□；民办学校□；改制学校□

（一）学校外部社会资源的总体情况

1. 从学校发展角度看，您认为：

（1）学校与政府及主管部门的关系重要吗？很重要□；较重要□；一般□；较不重要□；最不重要□

（2）学校与社会教育机构的合作重要吗？很重要□；较重要□；一般□；较不重要□；最不重要□

（3）学校与社区村的关系重要吗？很重要□；较重要□；一般□；较不重要□；最不重要□

（4）学校与家庭的关系重要吗？很重要□；较重要□；一般□；较不重要□；最不重要□

2. 学校与政府包括主管部门、社会教育机构、社区或村、家庭的关系的重要程度依次为：（1）_____；（2）_____；
（3）_____；（4）_____

如果把以上四个方面综合起来对学校的重要性看成 100 分
的话，请您对四者赋值

政府_____，高校_____，社区_____，家庭_____

3. 您认为，学校声誉对学校发展重要吗？很重要□；较重
要□；一般□；较不重要□；最不重要□

您校在社会公众中的声誉如何？很高□；比较高□；一
般□

这些声誉最主要源于：办学历史□；办学水平□；教育设
施□；其他_____

4. 您校获得过哪些荣誉？请您按照对学校发展的重要程度
依次列出五项。

_____

5. 您校得到的社会各界的信任及信任程度：

（1）得到政府信任的程度：很信任□；比较信任□；一般
□；比较不信任□；很不信任□

学校博得政府信任主要靠

①与政府的关系□；②教育质量□；③学校的社会责任□；
④其他□

（2）影响学校获得政府信任的因素排序按上述序号。

得到家长信任的程度：很信任□；比较信任□；一般□；
比较不信任□；很不信任□

（3）学校博得家长信任主要靠

①教育质量□；②与家长的关系□；③学校的社会责任□；
④其他□

（4）影响学校获得家长信任的因素排序按上述序号。

得到社区信任的程度：很信任□；比较信任□；一般□；比较不信任□；很不信任□

（5）学校博得社区信任主要靠：

①与社区的关系□；②对社区的贡献□；③教育质量；④其他□

6. 您认为，您校在所在辖区与兄弟学校相比

受政府重视程度：最受重视□；较受重视□；一般□；较不受重视□；最不受重视□

原因是：办学成绩的好坏□；是否重点大学□；与主管部门关系的好坏□；其他□

（二）学校与政府的关系

1. 您校与政府及主管部门的联系

联系态度：例行公事□；刻意安排□；无所谓□

联系频度：经常□；逢年过节□；偶尔□

联系方式且排序，在□内标上序号，主动上门□；邀请来访指导工作□

联系方式且排序，在□内标上序号，正式联系□；非正式联系□

2. 您校有没有政府特别支持的项目和特别优惠的政策？有□；无□

如有，请问是什么项目或者政策？

这些优惠项目或政策是通过何种渠道得来的？

正当渠道□；非正当渠道□；正当与非正当的结合□

如果把以上几个方面对获得"优惠"的重要性看成 100 分的话，请您赋值：

（三）学校与社会的关系

1. 您校以学校的名义参加过哪些学术团体、社团组织在其

中担任什么职务？

---

2. 您校与媒体的联系

是否经常：经常□；偶尔□；无□

主动还是被动：主动□；被动□

媒体的报道对学校声誉的影响：有益□；有损□；说不清□

媒体报道的内容：

学校发展□；师生活动□；招生□；收费□

3. 您校与科研院所有联系吗？有□；无□

4. 您校与社区街道、居委会、村等的联系？有□；无□

（四）学校与校友的关系

1. 您校有没有校友会、如有校友会，请罗列几项最重要的工作

有□；无□

---

2. 校友在贵校发展中扮演的角色或起的作用：

①提高学校声誉□；②协调关系□；③捐钱捐物□；④辅导学生□；⑤其他□

3. 您能不能说出几位您校培养的优秀校友的名字、毕业年代和主要成就：

---

4. 您能不能说出您校历史上最有名的几个校长、教师的名字和他们的主要成就：

二、学校社会资源情况访谈提纲

1. 你认为，你校现在遇到的困难有哪些这些困难现在是如何解决的？

2. 您认为，你校有哪些重要的社会关系这些社会关系在你校改革发展中重要吗？这些社会关系有哪些重要作用？学校应该如何构建社会关系？这些社会关系现在是如何被利用的？应该如何被学校利用？

3. 您认为，学校在现在的社会背景下应该遵守哪些重要的淤会规范？

4. 您认为，学校社会信任重要吗学校如何才能赢得社会信任？

5. 您认为，学校应该履行哪些社会责任学校怎样履行这些社会责任？

参考文献

一、著作

[1] [法]皮埃尔·布迪厄、[美]华康德:《实践与反思——反思社会学导论》,李康、李猛译,中央编译出版社1998年版。

[2] 《文化资本与社会炼金术——布尔迪厄访谈录》,包亚明译,上海人民出版社1998年版。

[3] [美]罗纳德·S.伯特:《结构洞:竞争的社会结构》,任敏、李璐、林虹译,格致出版社、上海人民出版社2008年版。

[4] 崔开华等:《组织的社会责任》,山东人民出版社2008年版。

[5] 楚红丽:《学校营销:赢得竞争的定位与推广》,重庆大学出版社2006年版。

[6] 段若鹏等:《中国现代化进程中的阶层结构变动研究》,人民出版社2002年版。

[7] 陈劲、张方华:《社会资本与技术创新》,浙江大学出版社2002年版。

[8] 贺国庆等:《外国高等教育史》,人民教育出版社2003年版。

[9] [美]亨利·埃兹科维茨、[荷]劳埃特·雷德斯多夫编:《大学与全球知识经济》,夏道源等译,江西教育出版社1999年版。

[10] 胡建华等:《高等教育学新论》,江苏教育出版社2006年版。

[11] 胡建华:《现代中国大学制度的原点——80年代初期的大学改革》,南京师范大学出版社2001年版。

[12] 范国睿主编：《多元与融合：多维视野中的学校发展》，教育科学出版社 2002 年版。

[13] 方国才主编：《中国著名校长的管理奇迹》，江苏人民出版社 2007 年版。

[14] 高和荣：《现代西方经济社会学理论述评》，社会科学文献出版社 2006 年版。

[15] 殷格非等主编：《企业社会责任管理基础教程》，中国人民大学出版社 2005 年版。

[16] 郭毅、罗家德主编：《社会资本与管理学》，华东理工大学出版社 2007 年版。

[17] 胡必亮：《关系共同体》，人民出版社 2005 年版。

二、论文

[1] 胡钦晓："高校社会资本论"，载《高等教育研究》2005 年第 9 期。

[2] 许杰："政府分权：大学自主的主导性因素"，载《高教探索》2006 年第 2 期。

[3] 赵炬明："现代大学与院校研究——美国院校研究发展述评（上）"，载《高等教育研究》2003 年第 3 期。

[4] 张文宏："社会资本：理论争辩与经验研究"，载《社会学研究》2003 年第 4 期。

[5] 韩丹、邓涛："人力资本、社会资本与西方终身教育"，载《外国教育研究》2004 年第 12 期。

[6] 童宏保："从人力资本到社会资本：教育经济学研究的新视角"，载《教育与经济》2003 年第 4 期。

[7] 涂三广："教师专业发展：社会资本的视角"，载《中小学教师培训》2007 年第 7 期。

[8] 庄西真："学校社会资本论"，载《教育研究与实验》2004 年第 3 期。

[9] 盛冰："社会资本与文化资本视野下的现代学校制度变革"，载《教育研究》2006 年第 1 期。

[10] 盛冰："论教育中的社会资本"，载《教育科学》2005 年第 3 期。

［11］盛冰："学校变革的一般理论及其反思——社会资本的视角"，载
《教育学报》2007 年第 4 期。

［12］盛冰："现代学校制度的危机：下降的制度社会资本"，载《教育研
究与实验》2006 年第 2 期。

［13］盛冰："社会资本、市场力量与学校变革"，载《北京师范大学学报
（社会科学版）》2005 年第 1 期。

［14］盛冰："重建制度社会资本：当今西方学校制度改革的新视角"，载
《比较教育研究》2005 年第 6 期。

［15］盛冰："现代学校制度变革：正式制度与制度社会资本的有效配合"，
载《教育学报》2005 年第 2 期。

［16］Lin Nan, *Social Capital：A Theory of Social Structure and Action*, Cam-
bridge University Press, 2001.

［17］G. J. Strategic, "Planning in Further Education：The Business of Values",
Educational Management Administration and Leadership, 1999, 27.

［18］World Bank, *Higher Education：The lessons of Experience*, Washington,
DC：World Bank, 1994.

［19］Robert D. Putnam, "The Prosperous Community：Social Capital and Public
Life", *American Prospect* 13, 1993.

［20］Ruth Hayhoem, *China University, 1895-1995：Acentury of Cultural Con-
flicts*, Garland Publishingu, Inc, New York, 1996.